江戶百業

豐富江户娛樂流行文化的職人

飯田泰子

章蓓蕾 譯

目次

●第二章・服飾（二）

前言

本書是《江戶百工：打造江戶富足生活基礎的匠人》的姊妹篇，原文副書名是「服飾與娛樂的相關職業」，內容也跟上卷一樣，是一本以圖畫解說江戶時代各種職業的「繪本」。我在上卷列舉了食、住、醫療等維持起碼生存的相關職種，本書的主題「衣」與「樂」，或許不像「食」與「住」那樣攸關生存，卻也是人性化生活不可或缺的要素。本書跟上卷一樣採用了大約五百張圖片，向讀者介紹兩百種職業。在選擇各種相關職業時，我參考了元祿三年（一六九〇）出版的《人倫訓蒙圖彙》，以及歷經數年寫成的《守貞謾稿》，還有各種「職人盡歌合」。書中出現的人物包括職人、商人、藝人與文學詩歌的創作者。

本書第一章、第二章的內容是「衣」。之所以分為兩章，是因為庶民的衣著與貴族、武士階級的服飾完全不同。第一章主要講解構成服裝的「衣服」。從養蠶結繭開始說起，我按照順序向大家介紹織布，賣布、縫衣的相關職種，最後還順便提到洗衣業。此外，關於鞋、傘、笠、提袋等服裝配件，髮髻、化妝等裝飾打扮，我也介紹了製作成品或傳授技術的職人。第二章介紹的是公卿的冠帽和武士的道具。這些服飾用品或道具雖然跟庶民沒有直接關連，但從事相關工作的職人卻是庶民。尤其是鍛冶鐵材的鐵匠，可說是製作道具的出發點。譬如像刀匠、槍炮工鍛造武器，民間鐵匠製作菜刀或農具等日用道具。

第三章，讓我們換個題目，一起來談談「學習」。據某些文件指出，日本國民的識字率在江戶時代已經超過九成，但有些學者卻認為事實並非如此，當時識字的人口沒有那麼多。不論事實如何，至少在商家當雇工的，不可能永遠只做小學徒才做的跑腿等雜務。所以一般人似乎從小就開始學習讀書、寫字、打算盤。或許有人認為，當職人就不需要讀書寫字了。然而，不識字的話，就連內容有趣的「瓦版」都看不懂吧。至於更深奧難懂的學問，當然還是得交給專家負責。在這一章裡，我以「藉由文字認識世間」為題，介紹了專門研究學問的「智者」，從事書畫文學工作的「創作者」，以及把他們的作品向社會廣為傳播的出版業。

第四章的主題是「娛樂的世界」。許多江戶的童玩直到昭和時代仍然存在，譬如像放風箏、打羽子板、吹肥皂泡等。這一章介紹的內容包括江戶的兒童玩具、令成人沉醉的雅俗娛樂，以及廣義的娛樂相關產業與導覽出版業。其中還提到提供成人「狎妓」的花街柳巷，大家不妨趁機滿足一下偷窺慾。因為這一段不但講到幕府特許的紅燈區，也詳細介紹了私娼打工族。

本書結尾的第五章主題是「藝能」。我把收門票才能觀賞的戲劇與寄席稱為「公演活動」，而在寺院境內或街頭的演藝稱為「街頭表演」。這一章最後還提到巡迴演出型的「門付」藝人，有些突如其來的技藝著實令人驚愕。

只有在太平盛世的江戶時代，人們才會追求服飾與娛樂，也才會出現滿足人們需求的職人、商人、藝人。江戶時代的百工百業都在他們的世界裡自由馳騁，我衷心期待讀者能夠體會其中妙趣。

第一章·服飾（一）

衣服與裝飾小物

衣服

綿■綿師◆綿店◆扯綿兜◆練絲漿洗匠◆彈棉花

絲線■絲線店◆篗師

編繩■真田繩販◆編繩匠

織布■織布機◆梭匠◆縫箔師◆箔師

染布■染匠◆帷子屋◆紺屋◆紅師◆茶染師◆紫師◆形雕◆鹿子結◆更紗店◆曬布◆熨燙師

布疋■吳服店◆棉布店◆碎布店

縫製■裁縫師◆縫紉師父◆針線店◆尺匠◆鐵針師◆繡匠◆磨針匠◆縫針匠

衣著■舊衣店◆竹馬舊衣販◆合羽師◆牙婆◆羽織師◆羽織繩紐修理匠◆素褌店

襪子■襪子店◆革師

洗濯■洗濁店◆洗染仲介商◆姬糊販◆簇師

■衆生行路圖，行人或撐傘，或戴笠，或披蓑衣，腳下或穿草鞋，或踏高齒木屐，或赤腳前進。《北齋畫譜》

鞋類

木屐■木屐店◆屐齒匠　**草履**■草履匠◆短尾草履匠　**雪駄**■雪駄傘店◆雪駄修理匠◆雪駄師

提袋小物

提袋■提袋店◆巾著師◆印籠師◆紙套師◆銀匠◆玉石匠◆眼鏡販

扇子■扇子店◆折扇匠◆竹子店◆團扇師◆團扇販　**菸具**■菸管師◆羅宇師◆羅宇販◆菸草店

傘與笠

傘■傘匠◆舊傘販◆傘店　**笠**■笠匠◆編笠◆塗笠

頭髮

梳頭■梳頭匠◆流動梳頭匠◆理髮店◆元結繩匠◆廢髮販

髮飾■梳篦匠◆骨雕匠◆造花匠◆髮簪販◆雜貨店◆雜貨販◆鱉甲師

化妝

化妝■白粉師◆眉刷匠◆蘭麝粉◆鏡師　**風呂**■湯屋◆手巾店

服飾（一）

江戶兩百年，追求服裝美的極致

■江戶初期的街頭俠客追求流行，都喜歡穿印著片假名「かまわぬ」組成的圖案。又因為歌舞伎演員第七代團十郎也喜歡這種紋樣，江戶子就把圖案印在手巾或其他小物上。《近世奇蹟考》

日本的棉花栽培業從江戶時代逐漸步入正軌，棉織品開始在國內廣泛流通，取代了昂貴的絲與麻。不僅是和服、羽織外套使用棉織品製作，就連襪子、襯褲、圍裙、連身圍裙都大量採用棉布。且不說襪子之類的附屬品，一般人若想在服裝上表現自我，當然就對布料的織法、染法十分講究。以條紋圖案來說，當時的條紋花紋種類繁多，要從中選出一種，不知要花費多少工夫。若是手頭稍微寬裕，不免會想買塊皺綢或友禪做衣裳。另一方面，也因為和服都是採用直線式剪裁，所以大家才會想在布料上變花樣。

對想扮演「俊男」的男子來說，會特別注重腰帶，至於鞋類，則不論男女都非常重視夾在指間的木屐帶。在這一章，我將以「衣服」為題，向各位介紹江戶時代的各種服裝，內容或許有點冗長，但我會從布疋到縫製、洗濯，詳細講解各種基本知識。

●撼動天下的天保改革　繼八代將軍吉宗的「享保改革」、老中松平定信的「寬政改革」之後，天保十二年（一八四一），江戶時代最後一場重大改革在老中水野忠邦主導下展開序幕。這場改革主打「嚴禁奢侈，努力節約」。江戶子的娛樂活動從此全部喊停，芝居町幾乎全毀，歌舞伎演員的生活也受到極大的影響，幕府還規定演員出門必須戴草帽。而當時最受歡迎的第七代市川團十郎，也因為違反奢侈禁令，被趕出江戶城。

●服裝的世界也發生激變　天保改革的禁令對於服裝的規定非常繁瑣，庶民不

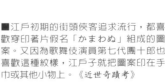

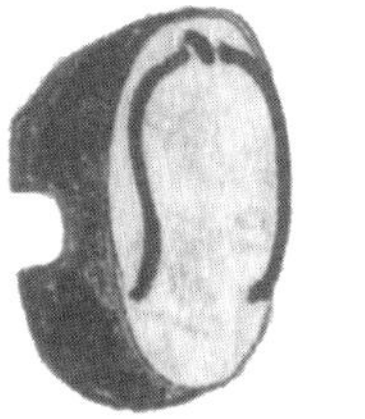

■塗黑漆的半四郎木屐。因為反串女角的江戶歌舞伎演員岩井半四郎喜歡穿這種木屐，因而得名，並在江戶風行一時。當時還有些服飾的顏色也被冠上演員的名字，譬如像芝翫茶、路考茶等。《守貞謾稿》

准穿著皺綢，深受庶民喜愛的天鵝絨木屐帶也不准使用，必須換成耐用的真田繩。此外，禮服與節日服裝的襯裡不准使用跟表面相同的布料，必須換成不顯眼的茶褐色系。

大坂也對男子的洋傘與女子的和服外套發布禁令。江戶因為之前早已禁止，所以不再重複。此外，幕府還規定京坂的錢湯不准男女混浴，江戶則因為原本就是男女分浴，就沒再特別規定。

據《守貞謾稿》記載，天保改革期間發生過悲慘的故事。當時在日本橋照降町，有所謂的「奢侈屋」，凡是流行的東西都能在這裡買到，譬如風行一時的條紋棉布、上等綢布……應有盡有。定價雖是別處的兩倍，卻因趕上崇尚奢侈的風潮，所以生意興隆。然而，改革開始之後，這家商店立刻遭受處罰，老闆還死在牢裡。不過，改革以失敗告終，這家商店也換了老闆，之後，又重新開張營業了。

●改革的始末　改革期間大約有兩三年時間進行過嚴格取締，但是大眾並沒有放棄追求流行，而改為以不顯眼的方式講究風雅。不久，幕府發行的新貨幣開始在全國流通，改革的重要課題也就慢慢被人們遺忘了，庶民又歡天喜地恢復了從前的穿著打扮。劇場雖然遷到比較偏遠的地點，淺草仍然完整地留存著。仔細想來，人生在世並不是吃住得到滿足就夠了，若想真正享受人生，還是得有點娛樂才行。

衣服

身上穿的衣服是服裝的重心。從紡紗、織布開始，織染過的布料由布商負責販賣，裁縫則負責縫製，把布料加工成為合身的衣服。

綿師

據《人倫訓蒙圖彙》記載，「綿師」的作業屬於農夫工作的一部分，其中包括種桑、養蠶、煮繭、繅絲，也就是所謂「養蠶家」的任務。「綿」是蠶絲的意思。

■蠶婦正在煮繭抽絲
《山繭養法秘傳抄》

■養蠶取絲的女性稱為「蠶婦」《頭書增補訓蒙圖彙》

綿

■綿師正在觀察蠶吃桑葉的情形
《人倫訓蒙圖彙》

■右上是捆成一束的絲綿，下方是扯綿兒的情形。再下方是結出白色果實的棉花樹。麻紗則是用亞麻的莖皮纖維製成。《商賣往來繪字引》

綿店

販賣絲綢的地方叫做「綿店」，也販賣絲綿、綿兒。「綿兒」是鋪在小袖和服裡的絲綿。縫製時，把綿兒夾在表布與襯裡之間。

■綿店《人倫訓蒙圖彙》

扯綿兒

把綿兒套在漆桶上用手扯成絲綿薄片，既可製成綿帽子，也可塞在和服小袖的表布與襯裡之間。綿帽子是用扯開的綿兒做成的頭巾。江戶中期的新娘在婚禮上都要戴綿帽子，據說今天新娘禮服的「角隱」，就是綿帽子演變而來。

■扯綿兒《人倫訓蒙圖彙》

綿●木棉開始在普及，是在江戶時代，當時如果在談話中提到「綿」，並不是指木棉，而是指絲綢。後來棉布開始流行，才把木棉稱為「綿」，但為了有所區別，所以把原本的「綿」稱為「真綿」。就像我們現在把從前的電話稱為「有線電話」一樣。

練絲漿洗匠

練絲漿洗匠是從事練絲、漿洗的職人。「練絲」是燒煮生絲，以除去其中所含雜質，讓生絲變成更柔滑。練絲屋是專門從事練絲（絲線）、練帛（絲織品）的商店，部分也兼營洗染業（請參考三十八頁）。

■練絲漿洗匠正在練絲《人倫訓蒙圖彙》

綿

■彈棉花《人倫訓蒙圖彙》

彈棉花

除去種子的棉實叫做「皮棉」。用棉弓把皮棉彈得又鬆又軟的作業叫做「彈棉花」。棉弓在日本叫做「唐弓」，是一種弓形的道具，弓弦用鯨魚的筋做成。

絲線店

《人倫訓蒙圖彙》記載，唐船（中國船）在長崎靠岸後，絲綢店與絲繩店（絲帶店）立刻派人前去批貨。這本書出版於江戶初期，當時是唐絲的全盛時期，唐絲也被稱為白絲，後來批發日本生產的「和絲」的商店才日漸增加。而一般庶民則是到賣手縫絲線的商店（請參照三十一頁的「針線店」）。

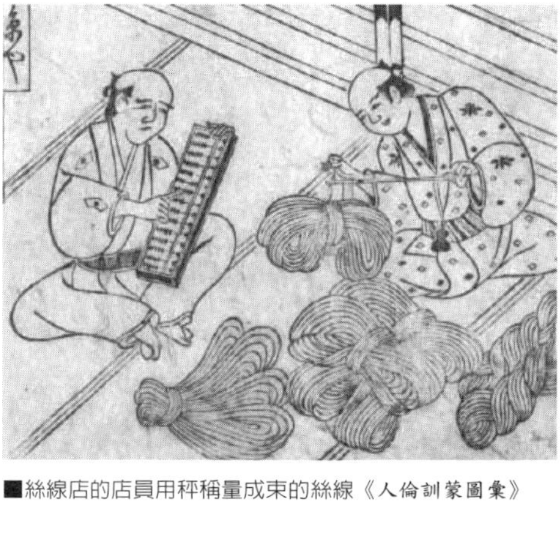

■絲線店的店員用秤稱量成束的絲線《人倫訓蒙圖彙》

絲線

篗師

「篗子」指收捲紡好的絲線或棉線的道具，是用斜向橫木連接四根短木而成的線筐。左圖的職人身邊擺著幾個正在製作的大小篗子。絲線或棉線捲完之後，抽掉篗子，把線捆成一束，就是店裡陳列的商品。

■篗師削切短木組件《人倫訓蒙圖彙》

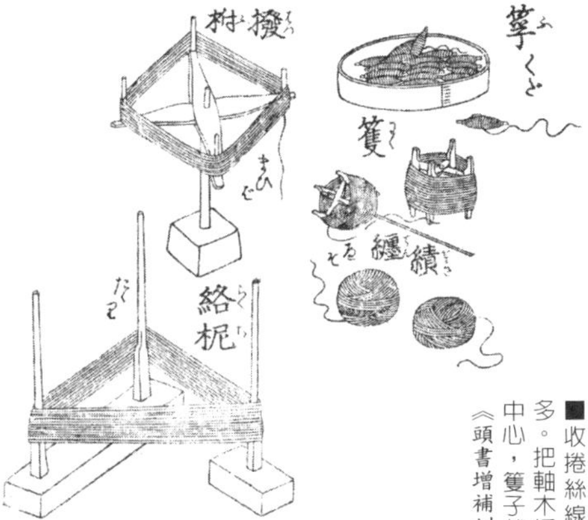

■收捲絲線的道具種類繁多。把軸木插進篗子的橫木中心，篗子就能靈活旋轉。《頭書增補訓蒙圖彙》

編繩

真田繩販

「真田繩」因為戰國時代的武將真田昌幸用來捲繞刀柄而得名。用棉線編成，呈扁平狀，非常堅實耐用，也可用來製作木屐帶、草履帶、和服外套的繩紐，以及圍裙的腰帶。

■真田繩販正在用軟尺測量編繩《今様職人盡歌合》

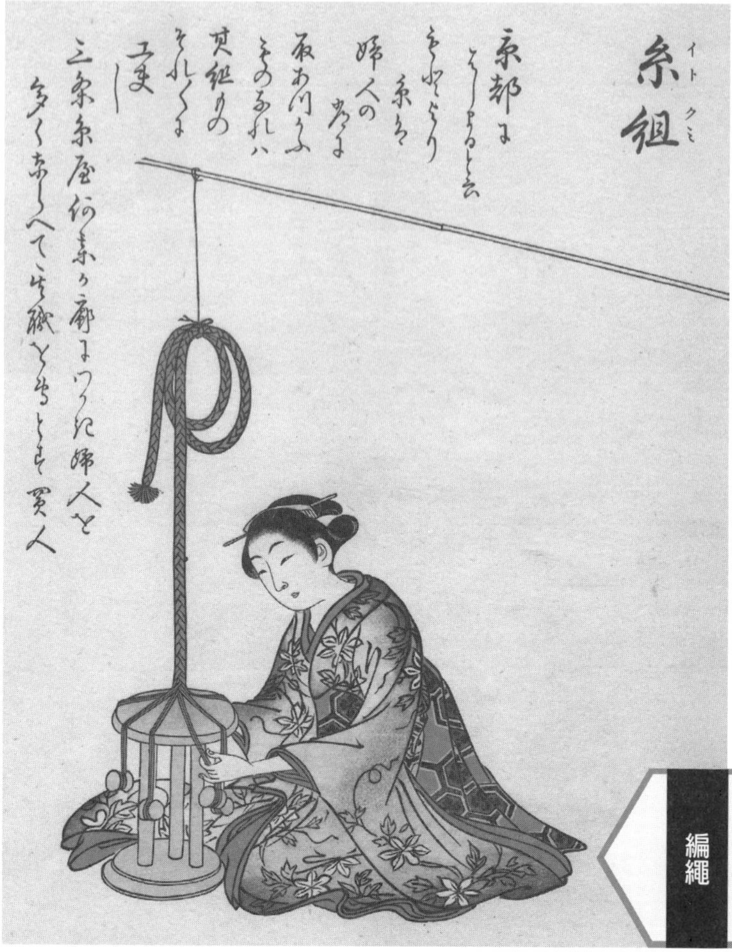

■編織圓繩時，絲線分成好幾股，每股絲線的尖端都吊著墜子。前頁的真田繩是呈扁平狀的扁繩。《彩畫職人部類》

編繩匠

也叫「編結匠」，主要的工作是編結繩帶。「編結」跟編織不同，是把幾股絲線像編麻花辮似的交互組合，編結成為繩帶。編繩的用途很廣泛，可以做成和服外套的繩紐，也可纏繞在刀柄上，公卿貴族梳頭時也需要用到編繩。

織布

江戶時代的布料全部採用天然纖維織成。譬如像絲、棉、麻等原料。據《頭書增補訓蒙圖彙》記載，「上機」用來織造各式各樣的紡織品，「下機」則專門用來織造棉布。而所謂的紡織品，是指布料表面織出華麗花紋的絲織品，這種紡織品以京都的西陣為主要產地。江戶時代庶民的衣服幾乎全都以麻布縫製，在棉布普及之前，如果說到「布」，就是指麻布。

織布機

■職人右手裡的杼（梭子），是拉著緯線穿過經線織成布疋的工具。《繪本士農工商》

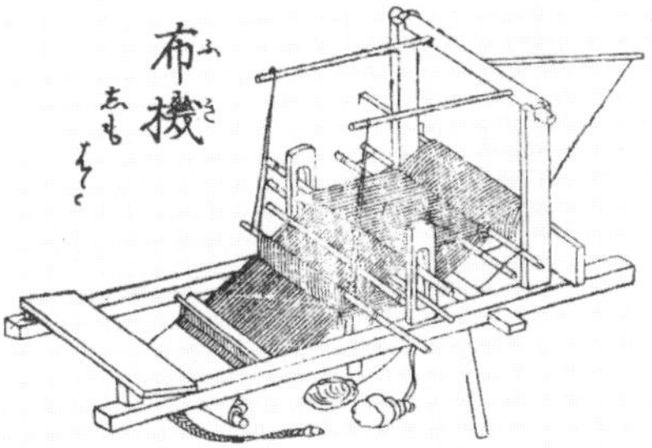

■下機主要用來織造麻布或棉布。這種古代流傳至今的手織機也叫「躄機」，織布時，職人撐開兩腿坐在地面操作。《頭書增補訓蒙圖彙》

■錦緞《萬物雛形圖譜》

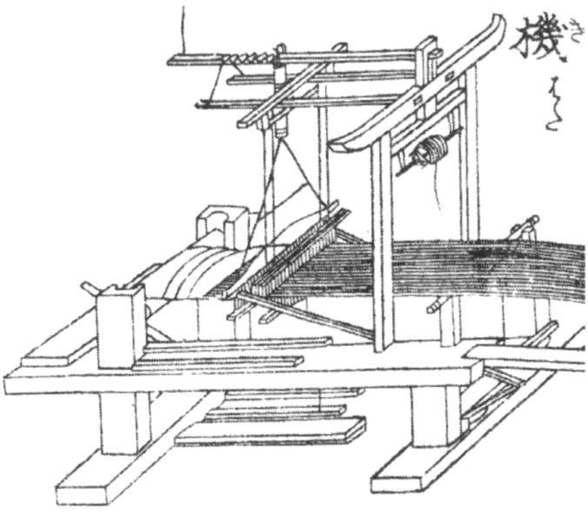

■職人坐著操作上機。上機設計精良，可用腳操作，緯線能夠輕鬆穿過經線，織成花紋複雜的錦緞類絲織品。《頭書增補訓蒙圖彙》

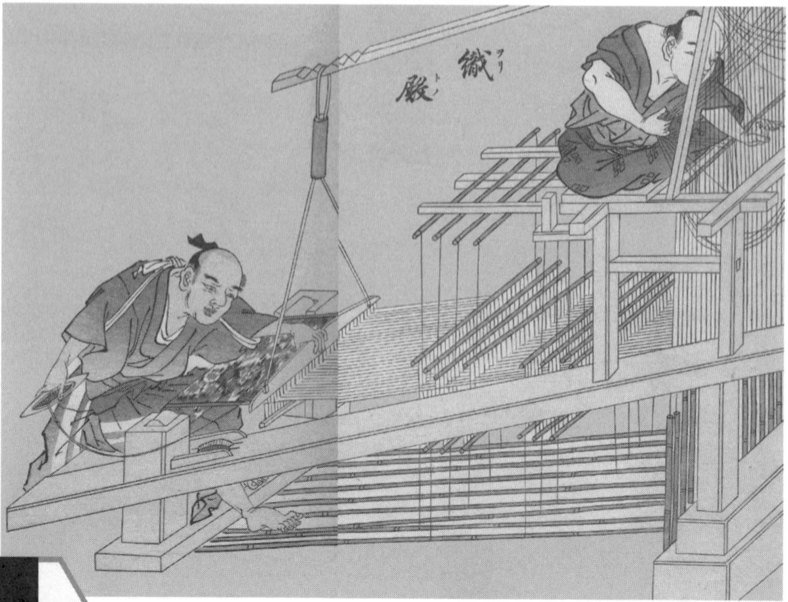

■圖中的職人左手扶「筬」，右手抓「杼」。京坂居民把紡織機稱為「織爺」。《彩畫職人部類》

紡織

梭匠

削竹製作紡織道具的職人叫做「梭匠」，日文叫做「筬搔」。「筬」是紡織機的緯線穿過經線後用來擼緊緯線的梳狀道具。下圖中央的「杼」，是帶著整捲緯線穿過經線的道具。「綜」則是為杼預留通路而設置在紡織機上的織具。

■製作筬的職人《人倫訓蒙圖彙》

■左起按順序為：筬、杼、綜。布料的花紋越複雜，「綜」的使用次數越頻繁。《頭書增補訓蒙圖彙》

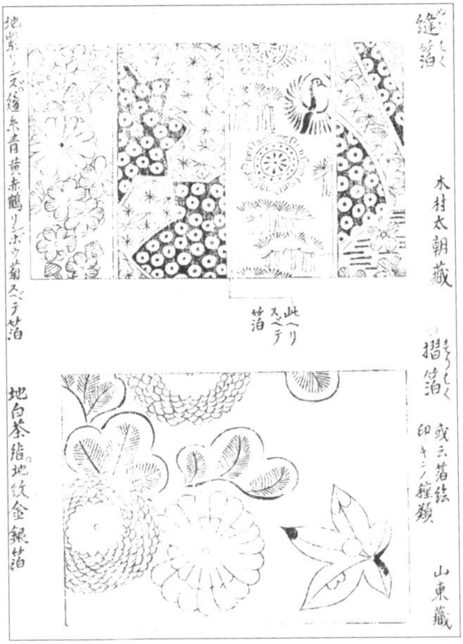

■上圖是刺繡與貼金並用的縫箔圖案，下圖為貼金圖案。《近世奇蹟考》

縫箔師

「縫箔」是以刺繡的方式，或利用金箔、銀箔進行「貼金」技法，在絲綢上做出花紋或圖案。貼金最初是利用紙型在金箔上切下花紋，再用黏合劑把金箔貼在布料上，但是到了江戶後期，縫箔不再使用金箔銀箔，而是以金銀絲線在紡織品上繡出圖案。兩種技法做出的衣裳都非常豪華絢爛。

■編製作金箔銀箔時，師父一手拿槌，弟子兩手拿槌，師徒相對而坐，輪流錘打箔片。《人倫訓蒙圖彙》

■「手握金銀線，家業興盛縫箔師。」圖中的縫箔師似乎並沒有使用金箔銀箔。《寶船桂帆柱》

箔師

用錘敲擊金銀做成箔片的職人叫做「箔師」。《人倫訓蒙圖彙》記載，箔師用一步金（一分金）做成五百片長寬四寸的金箔。四塊一步金的價值相當一兩小判金幣。做成的金箔長寬各約十二公分。

染匠

《頭書增補訓蒙圖彙》記載，染匠的種類眾多，各種染匠分別在紅屋、紺屋、茶染屋工作。除了以顏色區分外，還有按照專長區分為型染、扎染等各種職人，全部總稱為「染匠」。

■職人正在描繪即將進行染色的友禪圖案《繪本士農工商》

■染匠《頭書增補訓蒙圖彙》

■帷屋《人倫訓蒙圖彙》

帷子屋

江戶時代的「帷」，是指夏季穿著的麻、棉、綢等縫製的單衣。據《人倫訓蒙圖彙》記載，販賣的商店叫做「帷子屋」，簡稱「帷屋」，不論任何圖案，職人都能按照顧客的要求，印染在布料上。當時條紋圖案的布料都在近江的高宮染印後運往各地。

染布

紺屋

紺色是深藍色。「紺屋」則是從事深藍色印染的職人，因為藍色染料下鍋後必須不斷攪動，所以紺屋也叫做「紺搔」。江戶時代的商人與職人都喜歡穿藍色條紋或藍色碎花的服裝，街頭巷尾隨處可見這種號稱「日本藍」的藍衣服。

■職人拿著正要染印的布料站在藍色染缸前面《繪本庭訓往來》

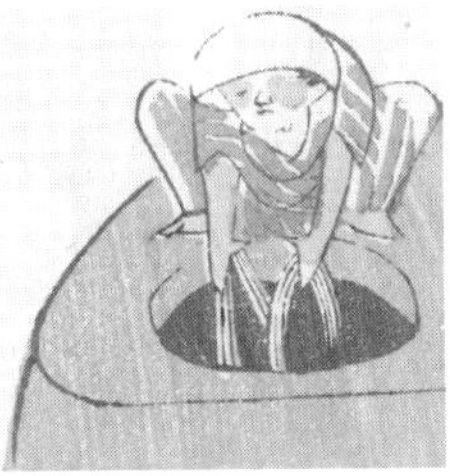

■各種紺色裡面還有一種淺藍，印染時，僅把布疋放在藍色染缸裡短暫浸泡一會兒。這種淺藍也叫做「瓶覗」。《諸職人物畫譜》

染色●江戶時代的布料絕大部分都染成藍色，除了藍色之外，傳統色彩包括下列幾種：

紅師

紅染利用紅花進行染印，職人叫做紅師。

茶染師

茶染師把布疋染成各種茶色，有些茶染師專門為皇室服務。

紫師

把布料染成高貴的紫色的職人叫做紫師。紫色分很多種，除了略帶紅色的京紫之外，還有近似鮮紅的茜染，以及青色含量較多的江戶紫。

形雕

染印家紋或小紋的細碎圖案之前，先把圖案原型刻在紙上（型紙），這項作業和從事這種工作的職人都叫做「形雕」。江戶時代，全國各地普遍採用伊勢紙型進行印染，這種紙型是用柿漆黏合多層美濃紙之後再把圖案雕刻在紙上。其中有多種圖案一直都深受大眾歡迎，如鮫皮、青海波、麻葉等。

■看完演劇正要回家的町人，三人身上的服裝布，不是條紋就是碎花圖案。《戲場粹言幕外》

■「形雕」是在型紙上雕刻圖案的作業。印染之前必須先準備型紙。《人倫訓蒙圖彙》

印染圖案

■除了跟德川家有關的家族之外，其他人禁止使用葵紋。《德川氏並諸家指物》

■各式各樣的雁紋。背景的黑色是染印在布料上，然後以反白方式襯出圖案。左上的鬼臉盔、蝶形盔之類線條纖細的圖案，先以陰紋印染的方式印出輪廓，更纖細的部分再用繪筆補色。《標準紋帖》

拔染家紋●和服的正式禮服必定有一件印著家紋的外套。印染家紋的技法很多，其中規格最高的是拔染法。進行印染前，為了防止家紋被弄髒，先用型紙遮住。所以印染完畢之後，家紋的部分是白色（原色）的。正式禮服應該有五個家紋，背部中央一個，左右兩袖和胸前左右兩側各一個。

■鹿子結《人倫訓蒙圖彙》

鹿子結

「鹿子絞」是絞染的方法，「鹿子結」則是製作鹿子絞之前的準備工作，主要是由女性擔任。首先在即將染色的布料上，隨處揪起一把又一把，用細線繫緊，等到染色作業完成後，被揪起的部分就會呈現白色斑紋。因為這種花紋看起來很像花鹿身上的白色斑點，所以叫做「鹿子斑」。

更紗店

江戶城裡有些更紗（印花布）店打出「唐更紗染坊」的招牌，上面的宣傳文字寫道：「染色高雅的更紗，絕不掉色的更紗」。「不掉色」表示印染的色彩不會褪色。由於當時劣品橫行，商家才會特意宣傳自家的更紗。

■染好的布料經過沖洗後，將繫在揪起處的細線解開，布上便呈現鹿子絞。《人倫訓蒙圖彙》

■唐更紗。在中國印染的更紗。《商賣往來繪字引》

■更紗也用來縫製被套《頭書增補訓蒙圖彙》

型染●型染的方法分為兩種，一種是把型紙跟布料重疊，將糊料塗在紋樣上，形成防染部分；另一種方法叫做印刷型，先在木板上雕刻花紋，然後把染料刷在模板上印染布料。這種印染法跟印刷書本一樣，把塗上染料的模板壓印在布料上，最具代表性的成品就是更紗。江戶時代，從中國輸入優質的唐更紗進行仿製，最後終於研發出日本特有的「和更紗」。

曬布

原色麻線織成的麻布通常並不染色，而是靠晾曬使布料變白，這項作業叫做「曬布」，最早始於京都的宇治，據《人倫訓蒙圖彙》指出，曬布的技術以奈良最佳。早在江戶開府以前，「奈良曬」就是最高級的麻織品。

■曬布。曬布的工錢一疋（一疋等於二反）為一匁八分，所以曬三十疋布就要付一兩金幣。《人倫訓蒙圖彙》

■熨燙師利用蒸汽把布疋上的摺痕和皺縮處拉直。《人倫訓蒙圖彙》

熨燙師

布料印染後，熨燙師再利用蒸汽把布的皺褶拉直。這種方式非常適合皺綢之類的布料，因為掛在張布架（請參照三十九頁）或貼在木板上使勁拉直布料的話，可能會損傷布料的特殊質感。

火熨斗●「熨」是撐開、攤平的意思。使用熱水熨燙的工具叫做「蒸汽熨斗」，使用炭火熨燙的叫做「火熨斗」。火熨斗的木柄前端有個容器，裡面裝入炭火，直接放在布上熨燙。衣服縫製完畢或洗濯之後，都要利用火熨斗修整。

■印染了家紋的小袖（窄袖和服）縫製完成後，再用火熨斗燙平皺褶。《女遊學操鑑》

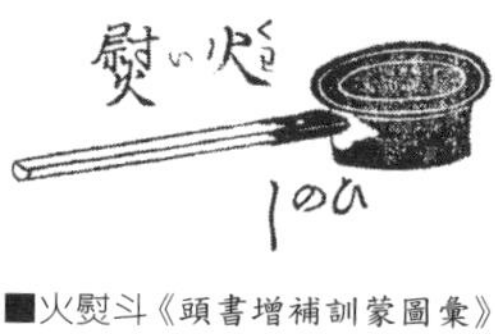

■火熨斗《頭書增補訓蒙圖彙》

布疋

■吳服店的門口掛著暖帘，上面寫著：「各種吳服，概不賒欠，現金交易大減價。」《繪本士農工商》

■「有有有，店裡有上好的皺綢。」吳服店老闆向顧客討好地說。《寶船桂帆柱》

吳服店

江戶時代的「吳服」是指絲織品，吳服店都從批發商或從紡織職人手裡直接購入布疋。當時一般商人做生意，都採用記帳，但吳服店卻是「現金交易，概不賒欠」。最早始於日本橋的三井越後屋，之後，所有的吳服店都開始採用這種交易方式。

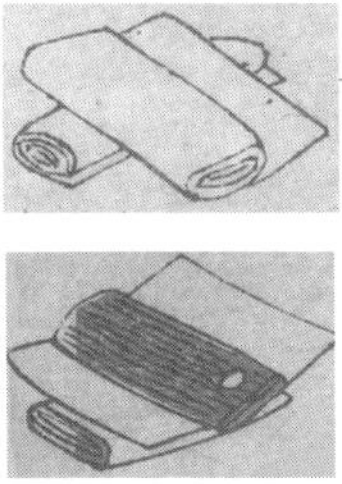

■布疋。上圖是生絲綢布，下圖是皺綢。《商賣往來繪字引》

布疋●布疋的日文叫做「反物」，「反」是計算紡織品的單位，「反物」是剛好足夠縫製一件和服或外套的布料，也叫做「著尺物」。江戶時代「反物」長大約十公尺，做外套的「反物」比做和服的「反物」短一些。

棉布店

棉布的質地堅韌耐用，是江戶時代的庶民最愛用的布料。當時全國各地都產棉布，東日本以下野國（栃木）的真岡棉布最有名，西日本則以三河棉布和河內棉布最有名。棉布的種類很多，譬如像白棉布和條紋花布，後者也是日本最具代表性的織花布。

■棉布店裡堆滿布疋《人倫訓蒙圖彙》

碎布店

碎布店不但收購剪裁剩下的零碼布，也能根據顧客的需求，從整段布疋上剪下所需的長度賣給顧客。由於當時的布料都是整疋出售，只想做個手提袋的人肯定覺得碎布店很方便吧。

■碎布店裡掛著各種稀奇花紋的零碼布《人倫訓蒙圖彙》

■吳服粗布店的招牌《守貞謾稿》

■「現金交易，概不賒欠」的吳服粗布店。圖中用木軸捲成一卷一卷的布料似乎是絲綢（吳服），堆在顧客面前的白色布料看來很像棉布（粗布）。《頭書增補訓蒙圖彙》

吳服與粗布●跟纖細的絲線比起來，棉線、麻線顯得更粗壯，所以棉布、麻布也被稱為「粗布」。出售粗布的不僅是門口掛著「粗布店」的商店，還有很多「吳服粗布店」也同時兼賣吳服與粗布。

■大傳馬町的棉布店。日本橋大傳馬町的街邊並列許多棉布批發商。這條大街位於日本橋附近，也是大型紡織品交易市場，這裡不但有棉布店，也有許多吳服批發商。《江戶名所圖會》

布足

縫製

■裁縫師面前有一件正在縫製的「小袖」《今樣職人盡歌合》

裁縫師

裁縫師是為人縫製衣裳賺取工錢的職人，也叫做「縫衣匠」。江戶時代的裁縫師主要是縫製當時人人都穿的「小袖」。這裡的兩幅插圖裡都是女性裁縫師，其實當時也有男性從事這一行。

■裁縫師的工作是剪裁布料，縫製衣裳。《寶船桂帆柱》

縫紉師父

江戶時代的女孩都擅長做針線，從小就學習縫紉。據《守貞謾稿》介紹，京坂的女孩在十三、四歲之前學習書法之類的科目，之後就到縫紉師父家學做女紅。據說縫紉師父都是寡婦。江戶的女孩則是在家跟隨母親或姊姊學做針線，江戶雖然有裁縫店，卻沒有縫紉師父。

■江戶的女孩都跟著家族裡的女性學做針線《女遊學操鑑下》

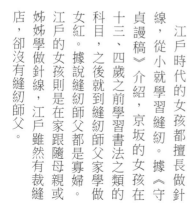

針線店

針與線是縫紉必備的道具。原本這兩樣東西是分開賣的，線有線店，針有針店，但是到了江戶後期，同時出售針線的商店出現了，還有些商店不僅賣針線，也出售其他縫紉必備工具，譬如像頂針、剪刀、尺等，對顧客來說，這種商店實在非常方便。

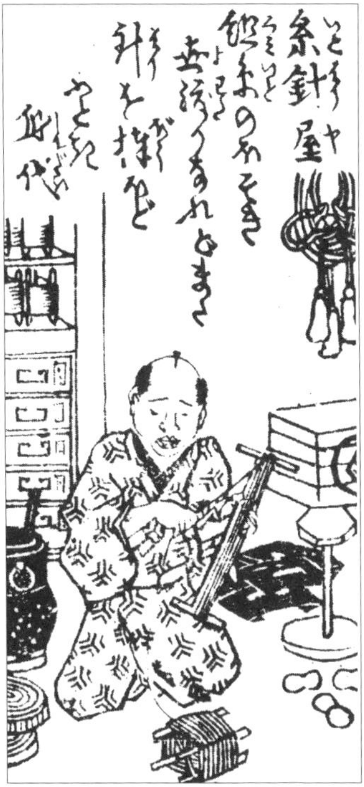

■針線店《寶船桂帆柱》

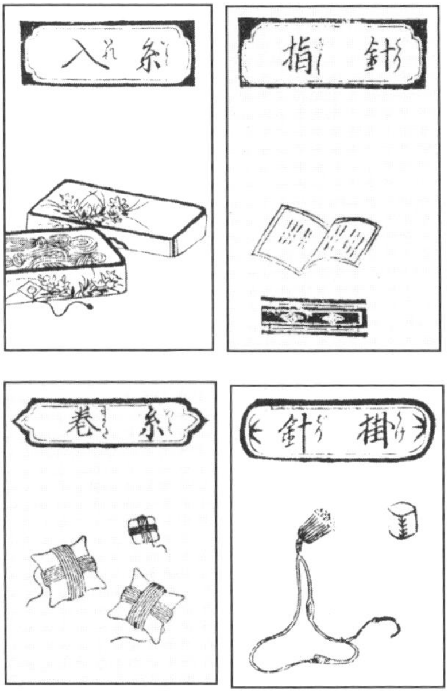

■各種縫紉工具。右上起由右至左為：頂針、線盒、掛針、線軸、尺、裁刀、抓板、火熨斗。火熨斗是壓平布料的工具。《女用訓蒙圖彙》

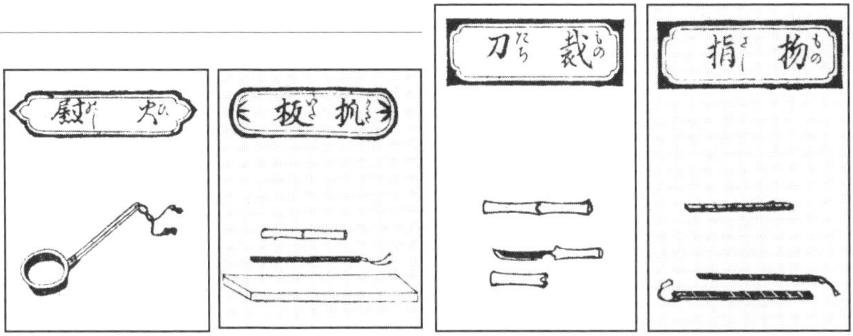

尺匠

量身訂製衣服時使用的尺叫做呉服尺。江戸時代測量長度以木匠使用的曲尺為基準，一尺（十寸）約為三十公分。而呉服尺的一尺等於曲尺的一尺二寸，所以比實際長度更長。當時的裁縫指南書所記載的長度，也是以呉服尺標示的長度。

■尺匠用竹片製作尺子《人倫訓蒙圖彙》

■鐵針師《人倫訓蒙圖彙》

鐵針師

鐵針師是用鐵、黄銅、赤銅等金屬製作鐵針的職人。鐵針是製作各種針類的材料，也可用來纏繞物體，銅製鐵針可編成飼養昆蟲的籠子，或編成紗網用來做紗窗。

縫紉●刺繡也是一種縫紉技藝。據《人倫訓蒙圖彙》介紹，使用各種絲線在衣物或紡織品上繡出花樣圖案的職人叫做「繡匠」。

繡匠

■繡匠《人倫訓蒙圖彙》

■立式看板上寫著「御針所 正牌御簾屋」《彩畫職人部類》

磨針匠

磨針匠的日文為「針磨」，《人倫訓蒙圖彙》裡介紹的磨針匠是專為施針醫（鍼醫）製作各種針的職人，也叫「針摺」。其他書籍裡也記載，磨針匠在京都姉小路很有名，很多職人都住在三条寺町。

縫針匠

針分兩種：縫衣用的縫針，以及鍼醫治療時使用的針（鍼）。據說古代的磨針匠兩者都能製造。到了江戶時代，專門製作縫針的縫針匠從京都開始遍布全國，每位職人都打出「御簾屋」的招牌。這是天皇賞賜給宮中縫針師的名稱。

針

■縫針匠《人倫訓蒙圖彙》

■「賤賣，便宜喔。」舊衣店老闆向顧客大聲招攬。《寶船桂帆柱》

■京坂的舊衣店叫做「古手屋」《人倫訓蒙圖彙》

舊衣店

舊衣店收購的商品範圍很廣，從絲綢、棉布等整段布疋，到襪子、腰帶等舊衣配件，以及從當鋪流當出來的衣物。江戶城裡以日本橋富澤町為首，許多街道都有舊衣業者聚居，有些店家還把舊衣擺在門前的蓆子上叫賣。

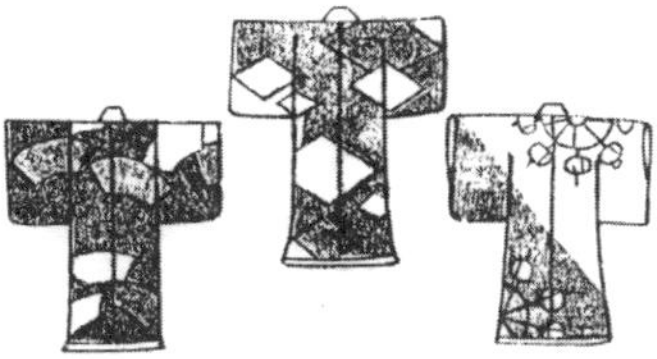

■舊衣都掛在店裡出售《商賣往來繪字引》

■賣舊衣的小販叫做竹馬舊衣販《守貞謾稿》

竹馬舊衣販

舊衣販挑著裝舊衣的竹筐四處叫賣，這種竹筐的四角各插一根竹竿，名為「竹馬」，所以賣舊衣的小販被稱為「竹馬舊衣販」。攤子上除了舊衣之外，還有從舊衣上拆下來的衣領和襯裡。這種小販在京坂地區看不到，只有江戶才有。

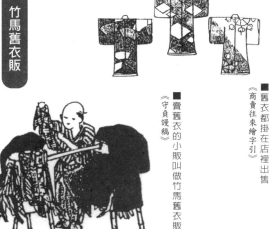

■表演越後獅舞的民藝團員全都穿著一樣的斗篷狀「合羽」《奥羽道中膝栗毛》

合羽師

「合羽」原是葡萄牙人和西班牙人到達日本時穿著的服裝，日本後來開始仿製並定名為「合羽」。之前沒有合羽的時代，大家是靠蓑衣避風雨。合羽分為兩種：一種叫做「桐油合羽」，是用塗了桐油的桐油紙做的；另一種是棉布做的「丸合羽」，撐開後呈圓形，主要在旅行時使用。

■合羽師把斜線剪裁的布料拼接起來《人倫訓蒙圖彙》

牙婆

牙婆原指仲介買賣，從中牟利的小販，不過江戶時代的中期以後，牙婆的主要業務已經變成買賣衣物了。

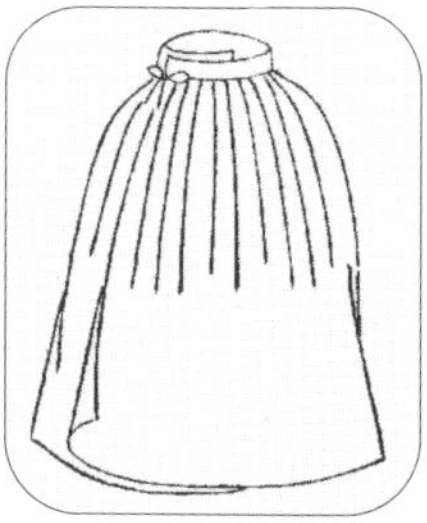

■穿合羽時，領口緊圈著脖頸。《頭書增補訓蒙圖彙》

■牙婆《頭書增補訓蒙圖彙》

衣著

衣著

羽織師

「羽織」是一種和服外套，江戶時代原是男子禮服的一部分，但是深川辰巳的藝妓卻都穿著羽織。一般女性開始穿羽織，是在江戶後期，之前，女性只能穿半纏（一種製法簡單的外套）。羽織師除了羽織外，也能縫製和服裙褲與襪子。

■羽織師《人倫訓蒙圖彙》

■羽織繩紐修理匠《守貞謾稿》

羽織繩紐修理匠

據《守貞謾稿》記載，天保年間（一八三〇－一八四四）初期，大坂有些老人專門幫人修理羽織的繩紐，他們在街頭兜攬生意，顧客上門就能當場修復損毀的繩紐。

■羽織。正式禮服的羽織上印著五個家紋。一般人的裃衣（連身禮服）、羽織、衣服等都不准印染十六瓣菊紋或三葉葵紋。《商賣往來繪字引》

素襌店

「素襌」是指喪服。素襌店則是出租喪禮服裝的商店，只有京坂才有，江戶完全看不到。京坂居民為親屬送葬時，必須穿單色麻布縫製的連身衣褲「裃」，通常是白色或淺藍色。裡面穿著白綢衣衫，夏天則穿白棉布衣衫。女性穿著白綢或白麻布的和服，腰帶使用白綢或白緞縫製。有錢人家每次喪事都做一套新的，或是家中隨時準備一套備用，一般人家則向素襌店租借，按日計酬。而江戶人即使親屬去世，喪服也是一身小紋（碎花）裃衣。

■裃衣《商賣往來繪字引》

■襪子店的招牌。上方（京坂）的招牌寫著店名，江戶的襪子店則寫「股引（緊身褲）」或「大丈夫（耐穿）」《守貞謾稿》

襪子

■襪子店《寶船桂帆柱》

襪子店

日本的襪子在室町時代以前主要都是皮製，後來隨著時代變遷，才改穿棉布襪。據江戶後期出版的《守貞謾稿》介紹，當時不論身分貴賤，男女老幼都穿棉布縫製的襪子。京坂的男襪有深藍與白色兩種顏色，江戶的男襪則有三種：白色、深藍與灰色。女襪在三大都市都只有白色。

■面紙套或巾著袋經常印上藍底白花的「菖蒲革」花紋《守貞謾稿》

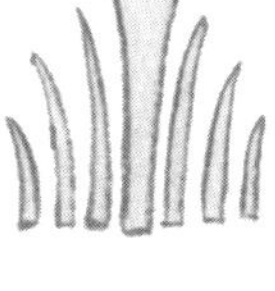

■革師《人倫訓蒙圖彙》

革師

《人倫訓蒙圖彙》裡提到過一家「白革屋」，店裡的職人用鞣好的鹿皮製作襪子和羽織。京都八幡生產的菖蒲革和八幡黑馳名全國。菖蒲革是藍底白花的型染皮革，八幡黑則是染成黑色的柔軟皮革。

■襪匠，有些襪匠也用鞣好的鹿皮製作皮襪。《人倫訓蒙圖彙》

■單衣水洗，夾衣漿洗。《女遊學操鑑》

■洗濁店職人使用木盆搓洗衣物《人倫訓蒙圖彙》

洗濁店

「洗濯」在古時叫做「洗濁」，一般是由紺屋兼營這項業務。據《人倫訓蒙圖彙》記載，洗濁店使用滑石、石灰之類的藥材清洗衣物。

■職人把拆下的袖子和前後身的部分分別貼在木板上漿洗《繪本庭訓往來》

洗染仲介商

京都不但是染坊大本營，漿洗職人也技高一籌。所以在大坂便有很多洗染仲介商，他們到顧客家中收集待洗或待染的衣物，再轉送到京都進行洗染。

■米飯裡加水搗爛，就成為「姬糊」。《今様職人盡歌合》

姬糊販

「姬糊」是漿洗衣物或張貼紙門紙窗時使用的糊料。據《守貞謾稿》介紹，全國三大城市的姬糊販通常是男人或老婦，姬糊販的擔子跟江戶豆腐販的道具很像，扁擔上並沒有木箱，而是在兩端各掛一個附有把手的木桶。

洗濯

■姬糊店的招牌《守貞謾稿》

簇師

「簇」也叫「伸子」，是用竹片削成的細竹籤，漿洗衣物時用來撐開布料。漿洗作業通常分為兩部分：貼上撐幅板、掛上張布架，前者比較簡單，連長屋老闆娘都能自己動手。漿洗步驟如下：先把和服拆開，洗淨，塗上姬糊，貼在撐幅板上（請參照右頁圖）。等糊料變乾後，把布料縫接起來，變成長條布疋狀，再用幾十根竹籤狀的伸子把布條像吊床似的撐掛起來。這個步驟比較專業，需要職人動手，一般人是沒法完成的。

■簇師削竹《人倫訓蒙圖彙》

鞋類

江戶時代的鞋類包括木製的木屐（日文叫做「下駄」）、纖維編織的草履或雪駄。另外還有足球選手穿的高筒靴，但基本上，當時鞋子的外型就是鞋墊上安裝一副夾在趾間的鞋帶。

木屐

■屐齒主要採用欅木製成。屐齒匠用擔子挑著新齒木四處遊走，碰到屐齒磨平的顧客，就當場替人更換新齒木。《今様職人盡歌合》

屐齒匠

木屐或高齒木屐（日文為「足駄」）的齒木磨平後，更換新齒木的工作由屐齒匠負責。高齒木屐是像左圖那樣齒木較高的木屐。京坂地區把所有木製鞋子都叫做木屐，齒木較高的稱為高木屐，屐齒從鞋底插入的木屐叫做「有齒木屐」。

■高齒木屐《守貞謾稿》

木屐店

木屐的結構是在木製鞋墊上安裝一副夾在腳趾間的鞋帶。有些鞋墊用整塊木頭鑿刻而成，有些鞋墊則是在底面插入屐齒。古代有一種「山木屐」，由山裡的樵夫做好之後送到江戶出售，因而得名。這種木屐用整塊梧桐木鑿刻成鞋墊和屐齒，底面不插齒木，鞋帶也由樵夫親手編織。

■木屐店的職人在梧桐木鞋墊上裝好鞋帶之後，拿出去販賣。《寶船桂帆柱》

■下駄新道。這條小路位於神田鍛冶町西側比較偏僻的街邊，路上聚集許多製作木屐的商店。畫面的右邊是製作木屐鞋墊的職人，左邊的職人正把鞋帶穿進鞋墊的小洞裡。《江戶名所圖會》

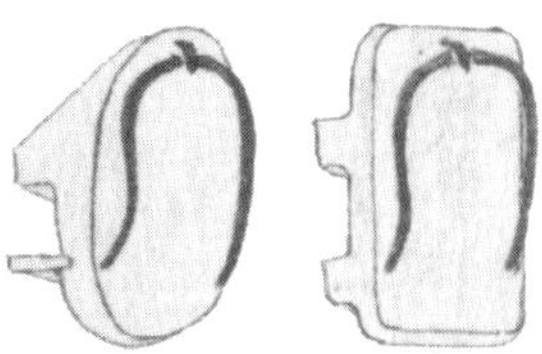

■駒木屐，用整塊木材鑿刻而成，因形狀像馬蹄而得名。使用梧桐木或栗木為材料。左邊的木屐是用橡木製成，鞋底後方插入一片屐齒，叫做「跡齒」。《守貞謾稿》

草履匠

草履的結構是用稻草或竹皮編成腳底形狀的鞋墊，然後在墊上裝置一副夾在腳趾間的鞋帶。製作草履的材料與做法種類繁多，據《人倫訓蒙圖彙》介紹，當時的職人作好中拔草履、金剛等草履之後，拿出去販賣。中拔草履是用剝掉外皮的稻秸編織而成。「金剛」則是直接用稻草編織的草履。

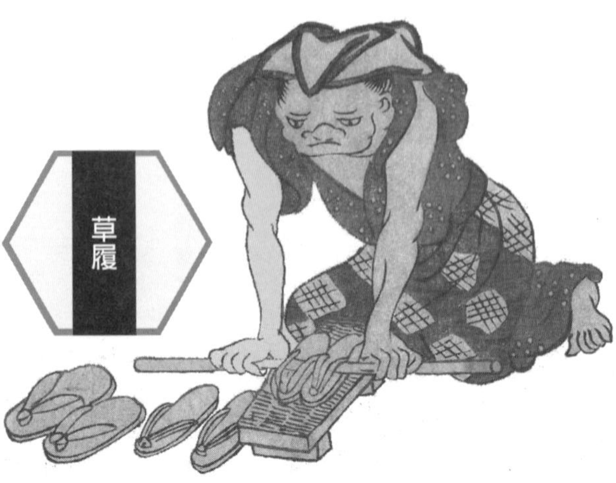

■草履職人《今様職人盡歌合》

短尾草履匠

「短尾草履」是指草履的腳趾部分做成圓形，腳跟部分做得比較短窄。據《人倫訓蒙圖彙》說明，短尾草履的鞋墊部分採用稻草芯，也就是稻秸編織而成，周圍再貼上皮邊。據說後來的雪駄就是根據短尾草履而發明的。

■短尾草履匠《人倫訓蒙圖彙》

■右邊是雪駄的正面與底面。鞋底的跟部釘了尾釘，走起路來不容易打滑。左邊是鞋墊跟鞋底之間塞入襯裡的有裡草履。雙層鞋墊的表面是用淡竹的竹皮編成，襯裡則用斑竹編成。《守貞謾稿》

雪駄

雪駄傘店

■雪駄傘店的門外招牌上寫著：「不論晴雨，千客萬來」。《寶船桂帆柱》

《江戶買物獨案內》記載，傘類批發店除了賣傘與斗笠外，有些店也出售各種鞋類。同時販賣傘類、木屐、雪駄的商店，在江戶也很多。

雪駄修理匠

雪駄修理匠專門修理鞋墊的皮革襯裡或皮革鞋帶。京坂地區的職人招攬生意時，手裡拿著新襯裡或新鞋帶，一面走一面高聲喊著：「修理，修理。」江戶的職人則故意把「修理」嚷成：「修啊，修啊。」

■畫面前方是大坂的雪駄修理匠，後方則是江戶的雪駄修理匠。《守貞謾稿》

雪駄師

雪駄的結構是在斑竹編成的鞋墊下面襯入動物皮革的裡子。相傳雪駄是千利休發明的，因為他很不喜歡走過小巷的雪地後，兩腳都被弄溼，所以靈機一動，把兩雙草履疊在一起穿，因此發明了「有襯裡的草履」。後來，千利休為了保持兩腳乾爽，又想到把牛皮襯在鞋墊下面。而雪駄後來在鞋底釘上尾釘，則是江戶初期的元祿時代才開始的習慣。

■雪駄師《人倫訓蒙圖彙》

提袋小物

提袋的種類繁多，譬如像手提的袋狀巾著袋，放在懷裡的面紙套，或是插在腰帶裡掛在腰間的印籠、菸草袋等，像這些收納小物的容器都算是提袋，既是實用的日用品，也是展現個人品味的小道具。

提袋店

提袋店裡出售各種收納隨身小物的提袋，譬如像巾著袋、面紙套、印籠，還有菸草袋和菸管袋。這類商店不但從批發商進貨，有些也像圖中的商店那樣自己動手製作各種提袋。

■提袋店門口陳列著各種菸草袋、印籠、面紙套等《寶船桂帆柱》

巾著師

掛在腰間的巾著袋通常用來裝零錢和圖章，這種提袋是根據古人旅行時用來裝打火用具的打火袋改進而成。大多數巾著袋都使用皮革製成，但也有些採用毛呢製作。男子穿裃衣時不會把印籠掛在腰間，而是改用巾著袋。

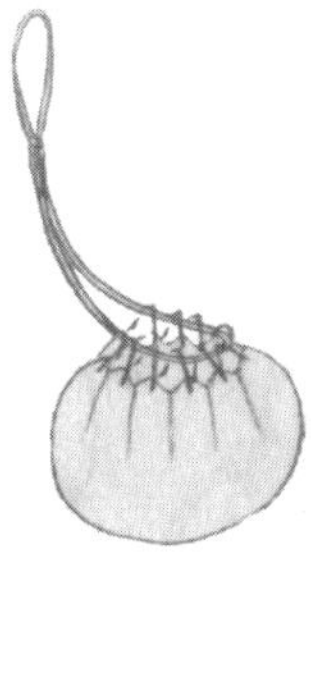

■巾著袋的原型是旅人的打火袋。先把布或皮剪成圓形，再用繩子順著圓周穿一圈，收緊，就變成巾著袋。《守貞謾稿》

■巾著師使用鞣製過的皮革進行剪裁、縫製《人倫訓蒙圖彙》

紙套師

「面紙套」簡稱「紙套」，外表主要使用毛呢料，襯裡則使用綢緞或錦緞，縫製時，兩層縫在一起，做成三折式或兩折式的皮夾型袋子。側面另有開口，可裝進零錢或牙籤之類的小物。出門時，都會折好收在懷裡。

■紙套師正在製作三折式面紙套。二折式面紙套從江戶後期才開始流行。《人倫訓蒙圖彙》

印籠師

印籠原是用來盛裝圖章或印泥的容器，除了印籠外，還有盛裝藥品的容器，叫做「藥籠」，但據說江戶時代之後，一般人雖然仍把藥籠掛在腰間，卻不一定裝藥。當時藥籠已是武士服飾必不可少的配件，町人穿上正式禮服時也都佩掛藥籠。

■印籠師正在製作五層式印籠《人倫訓蒙圖彙》

■面紙套和面紙《女用訓蒙圖彙》

■表面裝飾蒔繪圖案的印籠。右邊的兩層式容器，據說是古時的藥籠。《守貞謾稿》

提袋

■為玉石加工的職人在《人倫訓蒙圖彙》裡稱為「珠摺」，左圖的《頭書增補訓蒙圖彙》裡則稱為「玉人」。

玉石匠

玉石匠是把寶石打磨成物品的職人。《人倫訓蒙圖彙》記載，玉石匠利用水晶製作眼鏡、數珠、舍利塔、繩扣等。繩扣掛在提袋的繩紐上，繫緊袋口時可防止繩紐鬆開。

■玉人。畫面後方的職人是銀匠。《頭書增補訓蒙圖彙》

■眼鏡販提著木箱到處叫賣，箱子上畫著一副夾鼻眼鏡。《今様職人盡歌合》

眼鏡販

據說眼鏡是德川家康喜愛的道具。眼鏡在江戶初期還不能掛在耳朵上，必須用手拿著，需要時才架在鼻梁上，用起來很不方便。不過江戶後期開始出現附有繩帶的眼鏡。當時的眼鏡販除了販賣新眼鏡，也負責回收或修理舊眼鏡。

■銀匠在三折式面紙套上安裝鈕釦《人倫訓蒙圖彙》

銀匠

銀匠是打造銀製工藝品的職人，譬如提袋的金屬附件，長刀的刀柄裝飾，家具的金屬飾物等，都是銀匠的作業範圍。《頭書增補訓蒙圖彙》裡把打造鐵製工藝品的職人也稱為銀匠。

扇子店

扇子分兩種：用來搧風取涼的扇子和典禮儀式上的檜扇。後者是用幾片檜木薄片連結而成，貴族通常都把檜扇拿來代替笏板使用。另一種扇子是在折疊扇面上貼上扇骨，叫做蝙蝠扇。據《頭書增補訓蒙圖彙》說明，神功皇后征討三韓時，因為看到蝙蝠的翅膀而得到靈感，所以發明了蝙蝠扇。

■扇子店職人在店門前折疊扇面《頭書增補訓蒙圖彙》

扇子

■《江戶買物獨案內》裡介紹的眼鏡店。大多數都是從中國進口商品或舶來品出售，書中還介紹了許多自稱「為客訂做，量身打造」的眼鏡師。

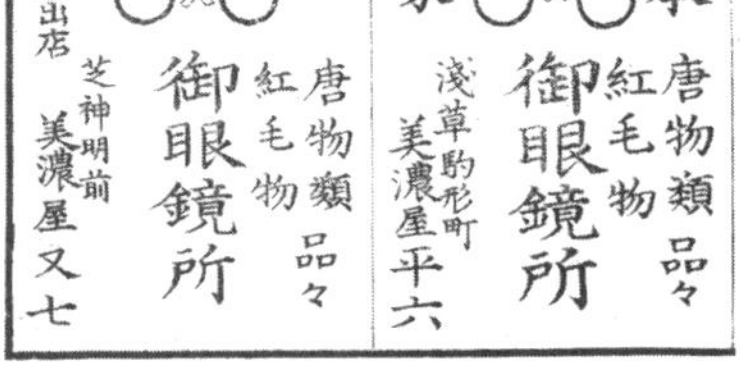

■蝙蝠扇也叫做夏扇《小野篁歌字盡》

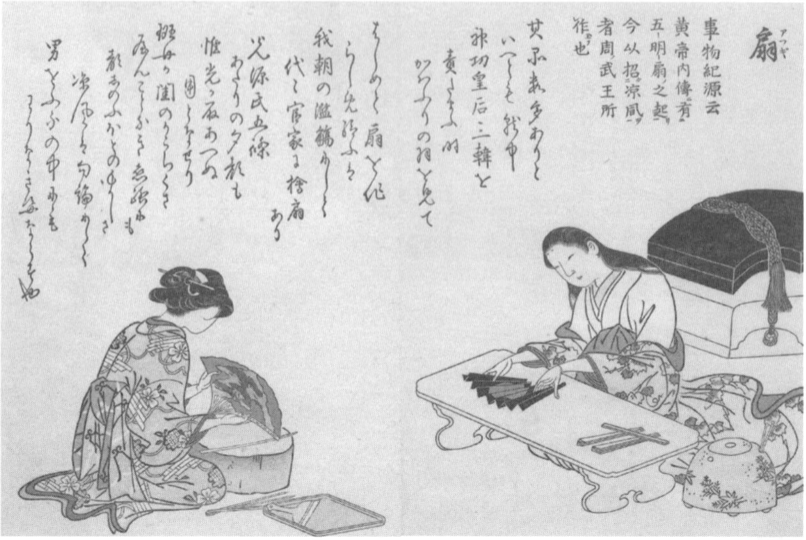

■職人正在製作的軍扇，是軍中發號施令時使用的道具，黑底扇面上畫著紅太陽。《彩畫職人部類》

折扇匠

製作一把扇子需要眾多職人參與，譬如像扇面師、扇繪師、扇骨師、扇軸師等。折扇匠的工作是把貼在扇骨上的紙扇面，以「一根扇骨一個折」的方式順序折好，這道工序通常交給女性負責。

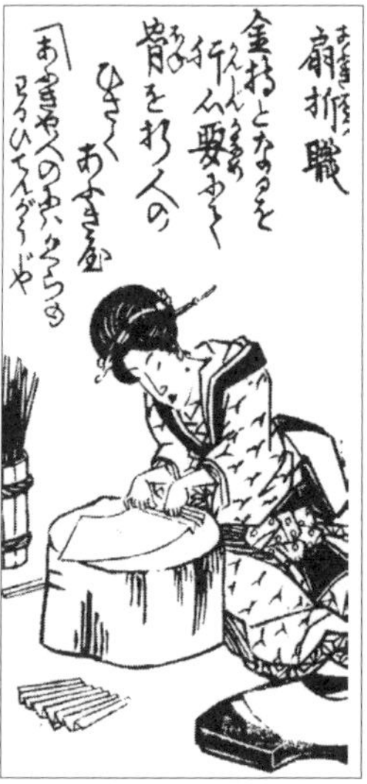

■折扇匠《寶船桂帆柱》

竹子店

竹子店出售竹製手工藝品的材料，譬如像製作扇骨、團扇或竹簍的職人，都會到竹子店進貨。據《人倫訓蒙圖彙》記載，製作茶道的道具、尺八、一節切（只有一個竹節長度的尺八）的竹材，都在竹子店可以買到。

■竹子店《人倫訓蒙圖彙》

扇子

■江戶的扇子店。「御影堂」是時宗的寺廟，時宗是京都淨土宗的流派之一，這座寺廟製作的高級折扇是當地名產，所以全國各地的扇子店都在招牌上打出這個名號。《木曾路名所圖會》

團扇師

日本有名的團扇包括河內國小山製造的澀團扇，還有美麗的奈良團扇等。澀團扇非常堅固耐用，扇柄採用未加工的竹材製造。據《人倫訓蒙圖彙》記載，江戶時代有專門給孩童使用的團扇，扇面畫著各種猜謎畫。

團扇販

團扇販出門叫賣時，用兩根竹子貫穿整排團扇的扇骨，這是非常聰明的陳列方式，因為這樣能讓顧客把團扇上的圖畫看得一清二楚。此外，還有一種陳列方式，是在一根粗竹竿上鑿開許多洞，然後把團扇像插花似的插在洞裡。

■團扇販的攤子上陳列著各式各樣的團扇《今樣職人盡歌合》

■團扇師《人倫訓蒙圖彙》

菸具

菸管師

菸管原是用來吸食碎菸絲的用具，但是對江戶的男人來說，菸管和菸草袋也是表現高雅品味的道具。菸管的配件包括裝菸草的雁首（菸鍋）和菸嘴，兩者之間用竹管（羅宇）連結起來。此外，還有無縫連接型的金屬菸管。

■菸管師用鍾子打造雁首《人倫訓蒙圖彙》

■菸管師鑿穿雁首上的小孔，鑽孔的道具叫做舞錐，作業時，用手抓著橫木上下牽扯，金屬鑽頭就會來回旋轉。《今様職人盡歌合》

羅宇師

菸管中央連接兩頭的部分叫做「羅宇」，據說製作這個部分的斑竹來自老撾（寮國），「老撾」的日文發音跟「羅宇」的發音相近，因而得名。《人倫訓蒙圖彙》裡用漢字「無節竹師」表示羅宇師，旁邊加註的假名發音則是「羅宇師」。

■羅宇師《人倫訓蒙圖彙》

羅宇販

羅宇販的工作是用新羅宇跟顧客交換被菸油堵塞的舊羅宇，京坂居民把這種小販稱為「換新羅宇的」。江戶的羅宇販肩上背著箱子，裡面裝有工具和羅宇，京坂的羅宇販則把工具和羅宇分裝在兩個箱子裡，用扁擔扛著兜攬生意。

■神田明神的菸草店。店前的紙窗上畫了一片菸草葉。《繪本江戶土產》

菸草店

《人倫訓蒙圖彙》記載，菸草店的貨品來自丹波、吉野、高崎、新田等地，職人用來切菸草的工具是有名的堺菜刀。

■前方是京坂的羅宇販，後方是江戶的羅宇販。《守貞謾稿》

■菸草店職人正在切菸草《人倫訓蒙圖彙》

各種菸具●畫面前方是菸草盆，裡面放著火種盒和菸灰筒。菸灰筒是用來裝菸灰的竹筒，火種盒裡面存放火種。後方是菸管與菸草袋。

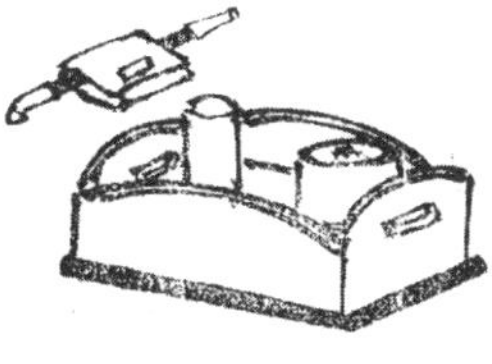

■菸管與菸草盆《人情腹之卷》

傘與笠

傘在江戶時代稱為「唐傘」，單獨提到「傘」的時候，是指戴在頭上的「笠」。傘的歷史非常悠久，平安時代後期描寫戰爭場景的畫卷裡已有彰顯貴族身分的綢傘出現。

■傘匠《彩畫職人部類》

傘

傘匠

據《守貞謾稿》記錄，文祿時期（一五九二—一五九六）以前，日本還沒有紙傘，一般人碰到下雨天，只能穿蓑衣戴斗笠，或撐起裝了把手的竹皮斗笠遮雨，直到江戶初期，才有具備防雨功能的蛇目傘登場。傘匠是把陽傘或雨傘的傘面糊上傘骨架的職人。另外，糊燈籠紙的手工藝職人也稱為傘匠。

■紙製傘面糊上傘骨架之後，再在紙上塗一層油。《人倫訓蒙圖彙》

■番傘《商賣往來繪字引》

■傘匠也從事糊燈籠的工作《繪本庭訓往來》

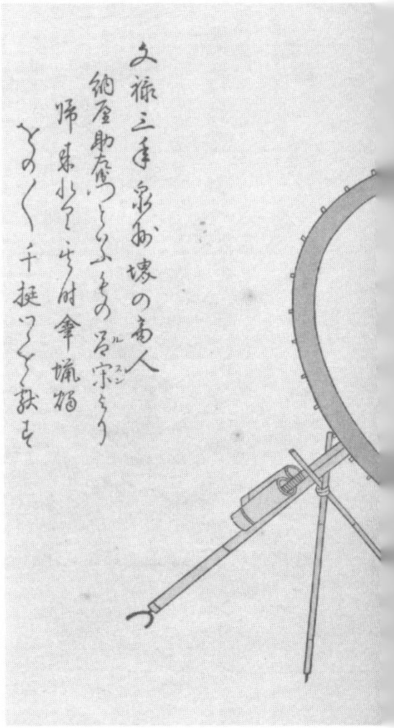

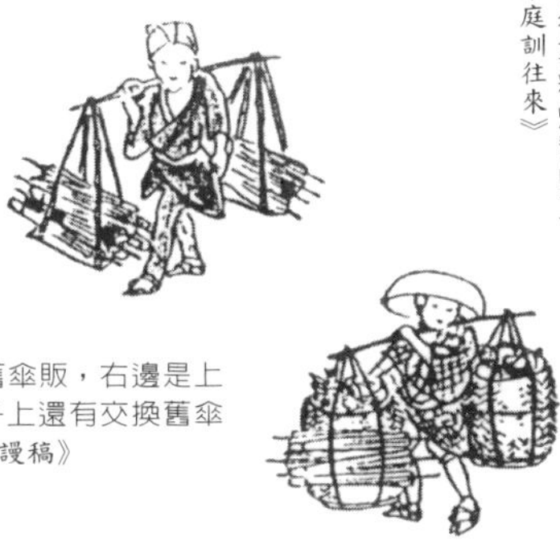

■左邊是江戶的舊傘販，右邊是上方的舊傘販，擔子上還有交換舊傘的日用品。《守貞謾稿》

舊傘販

「舊傘販」的工作是收購破損不能再用的舊傘，也叫做「古董販」。江戶的舊傘販只負責收購舊傘，在街頭遊走時，他們嘴裡反覆高喊：「有古董嗎？」京坂的舊傘販則用陶俑、陶壺或砂鍋等物品跟顧客交換舊傘，舊傘的價值低於交換品時，顧客還得付錢給舊傘販。

■舊傘販也叫做古董販。當時一把舊傘的價格從四文到十二文不等。《今様職人盡歌合》

傘店

江戶時代，糊在傘骨架上的紙傘已經很普及，有些還附有轆轤，可以輕鬆撐開，其中最具代表性的就是蛇目傘，和店家借給顧客使用的番傘。這類紙傘的產地除了上方以外，遍及全國各地，但是最受江戶人喜愛的，還是從上方運來的下傘，江戶城裡有很多下傘批發店。

■日本橋茅場町藥師寺的傘店。每月八日和十二日舉辦廟會，藥師寺院內都很熱鬧。《繪本續江戶土產》

■蛇目傘撐開後傘面花紋看起來很像蛇眼《守貞謾稿》

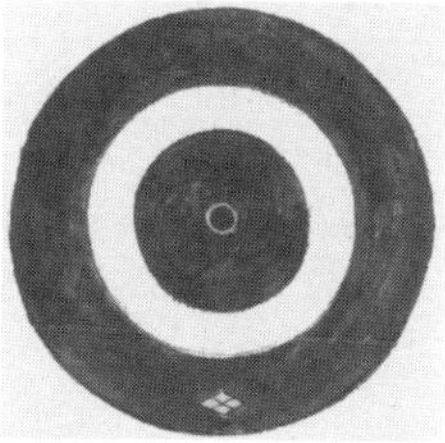

■黑色蛇目傘上印著武田家的菱紋《守貞謾稿》

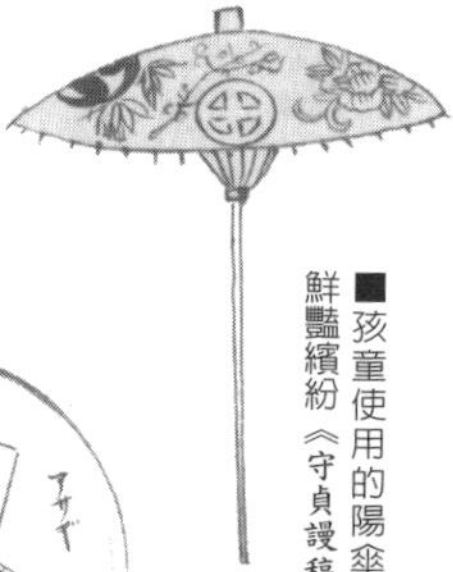

■孩童使用的陽傘色彩鮮豔繽紛《守貞謾稿》

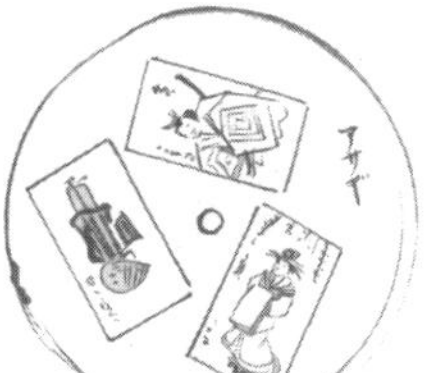

■女童的陽傘，上面糊著三張以歌舞伎演員為主題的浮世繪。《守貞謾稿》

■番傘上標明店家名稱的方法之一《守貞謾稿》

番傘●番傘的「番」表示番號。由於商家經常把雨傘借給顧客，各家商店都絞盡腦汁設計標誌，希望一眼就能識別自家的雨傘。譬如本町的伊勢屋万兵衛家的雨傘，就在傘上標明本町的「本」、伊勢屋的「伊」，以及店家的商標（「万」字加上山峰圖案），然後再寫上番號。

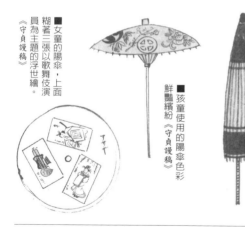

笠

■笠匠正在縫製菅笠
《今樣職人盡歌合》

笠匠

笠可以遮擋陽光與風雨，是出門遠行時不可或缺的服裝道具。笠的種類多得不勝枚舉，材料、做法與用途各異。如果按照做法分類的話，笠可分為編笠與縫笠兩類，譬如武士使用的熊谷笠，薦僧使用的天蓋，都被歸類為編笠。縫笠則以縫線把蓑衣草縫製成帽狀或碗狀的斗笠，其中最常見的是菅笠與三度笠。

■笠匠《人倫訓蒙圖彙》

編笠

■武士或醫生使用的熊谷笠《守貞謾稿》

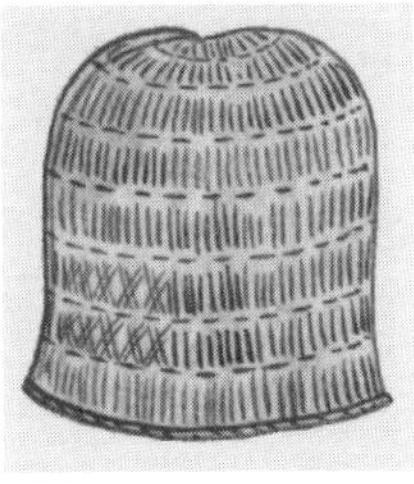

■薦僧專用的天蓋，名稱裡並沒有「笠」。《守貞謾稿》

菅笠

■女性旅行者使用的菅笠《守貞謾稿》

塗笠

■塗笠。在杉木或檜木的薄片做成的骨架上糊一層紙，然後再塗一層漆。《守貞謾稿》

頭髮

江戶時代除了和尚和醫生之外，每個人的髮髻式樣都根據身分而定。最初出現的梳頭匠只為男客服務，後來才有為女客梳髻的梳頭匠。當時不僅髮髻的式樣繁多，用來妝點髮髻的頭飾也多采多姿。

■梳頭匠《繪本庭訓往來》

梳頭匠

古人一向都是自己動手梳髮髻，直到江戶時代，才有專門為客梳頭的職人出現。梳頭匠服務的形式分兩種：居職與出職。「居職」的梳頭匠擁有自己的店面，叫做「床屋」或「梳頭床」；「出職」的梳頭匠是流動式為客服務，兩者都是為男客梳頭，同時還提供刮臉，剃月代（男子頭頂剃成半月形的光頭）的服務。

■江戶後期雖有「女梳頭匠」為女客梳頭，但是一般人梳頭還是自己動手，或是拜託家人幫忙。《都風俗化妝傳》

■正在研磨剃刀的梳頭匠。畫中的狂歌寫道：「專心忙家業，繫妥元結繩，輕鬆愉快梳髮髻。」《家內安全集》

梳頭

■流動梳頭匠在路上閒逛《神事行燈》

流動梳頭匠

提著工具箱去為熟客梳頭的職人叫做流動梳頭匠。江戶有很多商家都是以每月固定酬勞聘請梳頭匠來替大家梳頭，上至老闆、番頭，下至店員，都由梳頭匠一手包辦。

■京坂的流動梳頭匠。工具箱一側插著各種梳子，梳齒的密度都不一樣，旁邊掛著一捲元結繩。《串戲二日醉》

■江戶的流動梳頭匠隨身攜帶的工具箱，叫做「鬢盥」。最上層的抽屜是用來收存剪下的毛髮，下層空間用來放置砥石。上方把這種工具箱稱為「台箱」，體積比江戶的工具箱大一些，構造則大致相同，最下層也做成抽屜。《守貞謾稿》

■江戶的理髮店也是社交場所。每次梳頭的費用二十八文，不算太貴，但需要經常光顧理髮店。《浮世床》

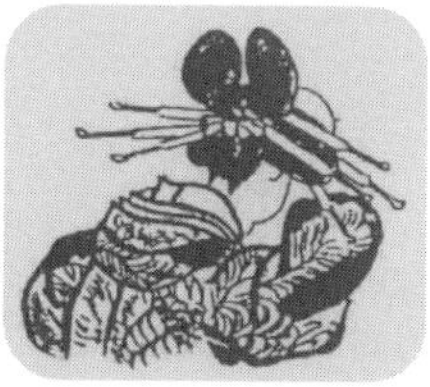

■文化年間的橫兵庫髻，花魁才能梳這種髮髻。《守貞謾稿》

■梳著町人髻的職人《民家育草》

■商店老闆的髮髻《戲場粋言幕外》

理髮店

江戶時代的理髮店叫做「髮結床」或「浮世床」，京坂的理髮店裡通常有兩位職人為顧客梳頭，江戶的理髮店則有兩三位梳頭匠，除了為客梳頭外，也替顧客剃月代。當時因為幕府規定，要經營理髮店的職人必須先向幕府付出數百兩金幣的鉅額費用購買股份，所以大部分職人只向擁有股份的梳頭匠繳付場地使用費，而不是真正購買開店所需的股份。

各種髮型●江戶時代的髮型是根據性別、身分、職業而定。譬如青樓的紅牌妓女，當然不會梳一般女性的髮髻。未婚女性通常都梳島田髻，婚後則改梳丸髻。男性的髮髻也有武士與庶民之分。譬如梳髻之後，後腦勺的髮絲呈現微微隆起的蓬鬆狀，叫做「髱」，武士的「髱」線條比較平坦，庶民的「髱」則比較誇張地聳起。

■身分高貴的武士《民家育草》

■元結繩匠《彩畫職人部類》

元結繩匠

梳頭時用來綁住髮絲的繩子叫做元結繩，製作這種繩子的職人叫做元結繩匠。據《守貞謾稿》記載，這種用來束緊髮根的繩子叫做元結繩，最早出現於寬文年間（一六六一－一六七三），職人先把拉長的紙繩浸在水裡，然後再用紡車一面絞乾水分一面把紙繩絞得更緊。

■梳頭時使用元結繩綁住髮絲《戲場訓蒙圖彙》

梳頭

廢髮販

廢髮販把撿來的廢棄舊髮做成假髮，然後再拿去販賣。他們在街頭撿拾廢髮時，頭上頂著包袱，一面四處遊走一面喊著：「有沒有廢髮？」

■廢髮販《人倫訓蒙圖彙》

■職人手拿製作梳篦專用的鋸子一根一根鑿出梳齒《今樣職人盡歌合》

梳篦匠

利用黃楊等材料切鑿成梳櫛的職人叫做「梳篦匠」。「櫛」的主要功能原本是梳理髮絲，但在江戶中期以後，漸漸變成髮飾，而且做得越來越華麗，除了黃楊木之外，還開始使用象牙、琥珀等材料，甚至更添加蒔繪與金屬等裝飾。

■「切鑿梳齒忙不停，家業興隆生意旺。」梳篦匠正在工作台上作業。《寶船桂帆柱》

■梳篦匠《人倫訓蒙圖彙》

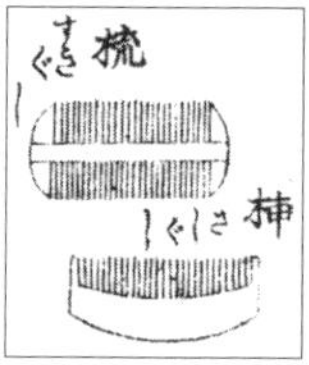

■梳櫛（上），插在髮髻上當裝飾的「插櫛」（下）。《頭書增補訓蒙圖彙》

造花匠

造花匠是利用色彩鮮豔的絲線或紙張做成假花的職人。這種假花叫做「造花」，也叫做「結花」，如果把造花做成髮簪，就叫做「花簪」。造花匠也製作佛花，可代替鮮花供在佛前。

■骨雕匠《人倫訓蒙圖彙》

■造花匠《寶船桂帆柱》

骨雕匠

利用象牙或水牛角加工製成飾品或小物的職人叫做「骨雕匠」。據《人倫訓蒙圖彙》記載，牛角或象牙還能製成笄、梳帚（清除梳垢的工具）、袈裟環、墜子、玉佩、茶罐蓋、火藥盒等。「笄」是插在髮髻上的棒狀髮飾。

髮簪販

髮簪是最具代表性的髮飾。據江戶時代的風俗圖繪《我衣》介紹，髮簪是銀製髮飾，一端像耳刮，另一端像髮笄。髮簪的種類很多：譬如像花簪、用珊瑚珠子做裝飾的「玉簪」、還有走動時來回搖晃的「步搖」。

■髮簪販叫賣時手裡拿著花簪的樣本《今様職人盡歌合》

雜貨店

專門販賣日用品、髮飾、化妝品等各種小物的商店。據說這類商店從前叫做「高麗物屋」，「高麗」（朝鮮）兩字表示店內出售進口的商品，江戶後期開始，這類商店開始銷售玩具類商品，以及面紙套、菸草袋之類日用品。

■雜貨販《守貞謾稿》

雜貨販

小販背著大包袱沿街叫賣，包袱裡裝著：髮笄、髮簪、梳子、元結繩、丈長（扁平狀元結繩）、胭脂、白粉，面紙套等各種雜貨。

■雜貨店《寶船桂帆柱》

鱉甲師

「鱉甲」原是鱉的背殼，但在江戶時代是用來暗指「玳瑁」。因為幕府頒布禁令，禁止庶民使用玳瑁做裝飾。據《頭書增補訓蒙圖彙》記載，海龜的背殼剝下打磨成薄片後，殼片上呈現斑紋，通常被用來做成梳子、髮簪或香盒。

■鱉甲師。圖中的職人把幾片玳瑁薄片疊在一起，再用加熱的方式把薄片黏壓成一片。《今樣職人盡歌合》

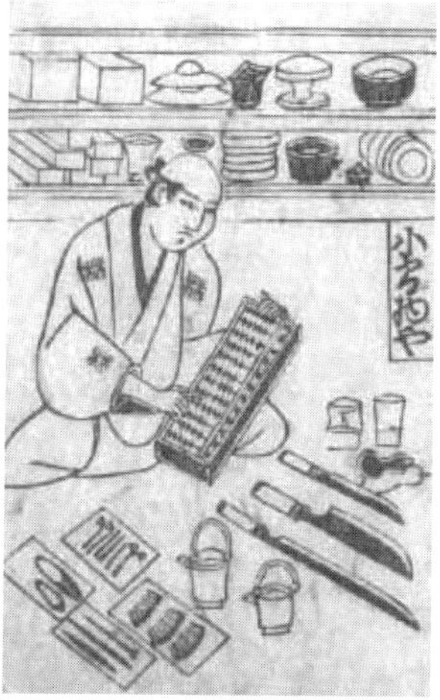

■雜貨店門口堆放著菜刀、梳子、髮笄、剪刀等商品。貨架上也排列著各種小物。《人倫訓蒙圖彙》

化妝

江戶時代的基礎化妝道具包括：白粉、胭脂、齒黑。當時的已婚婦女都必須把牙齒染黑，但胭脂和白粉倒是沒有硬性規定，除了青樓女子之外，一般女性跟現代人一樣，並不一定塗脂抹粉。但鏡子對化妝的女性來說，確實是不可或缺的工具。

■兩名婦女正在準備染黑牙齒《女大學》

白粉師

據《人倫訓蒙圖彙》介紹，白粉師都住在京都、伊勢、堺等地，他們用水淘析鉛粉，製成化妝用的白粉。至於製作白粉的方法，據說是古時楊貴妃生病時，神仙從天而降，看到她面色鐵青，便教她製作白粉。

■白粉師《人倫訓蒙圖彙》

白粉店的看板●白粉店門口的木箱看板擺在木製的台上。上圖的木箱看板上畫了白鷺，表示店裡的白粉色澤潔白。江戶把這種商店叫做「白粉所」。左圖是大坂的木箱看板，下面墊著塗了黑柿漆的木台，當地的製造商和零售商都使用這種看板。

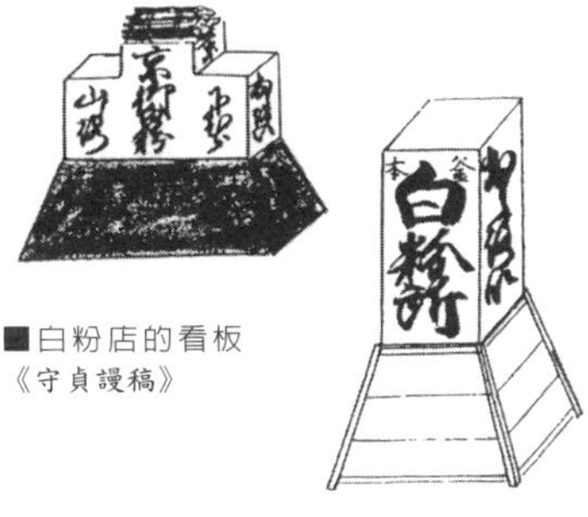

■白粉店的看板《守貞謾稿》

■據說眉刷匠從前都聚居在京都仁和寺周圍《人倫訓蒙圖彙》

眉刷匠

這裡所說的「眉刷」，並不是畫眉使用的毛刷，而是用來刷掉黏附在眉毛上的白粉。製作這種毛刷的職人叫做「眉刷匠」。據《都風俗化妝傳》記載，在臉上塗抹白粉時，必須沾取少量水分，反覆細心塗抹，才能塗得既勻稱又有光澤。

蘭麝粉

「蘭麝」的原意是芳香，蘭麝粉則是借以表達香氣的洗潔粉。據《人倫訓蒙圖彙》介紹，蘭麝粉在京都非常流行，據說經常使用這種洗潔粉洗臉，皮膚會變得十分光亮美麗。

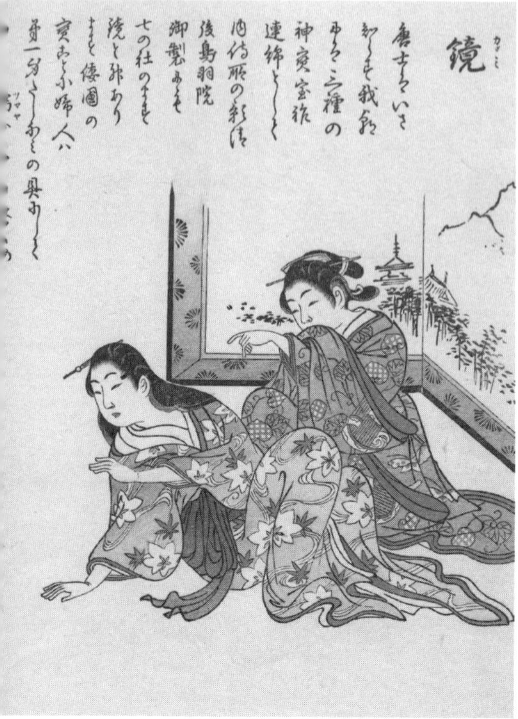

■蘭麝粉是用來洗臉、洗髮的粉末。販賣時先用杆秤稱重，再用紙張包好交給顧客。《人倫訓蒙圖彙》

鏡台

鏡子與鏡架（鏡台）是化妝不可或缺的道具。鏡子採用錫銅合金作成底部，然後在表面塗上能夠反映身影的錫與水銀。鏡子在完工之前雖有鏡師精心打磨，但在使用一段時間之後，便會逐漸模糊。所幸的是，每年冬季期間，街頭都能看到專門替人磨亮鏡子的職人四處招攬生意。

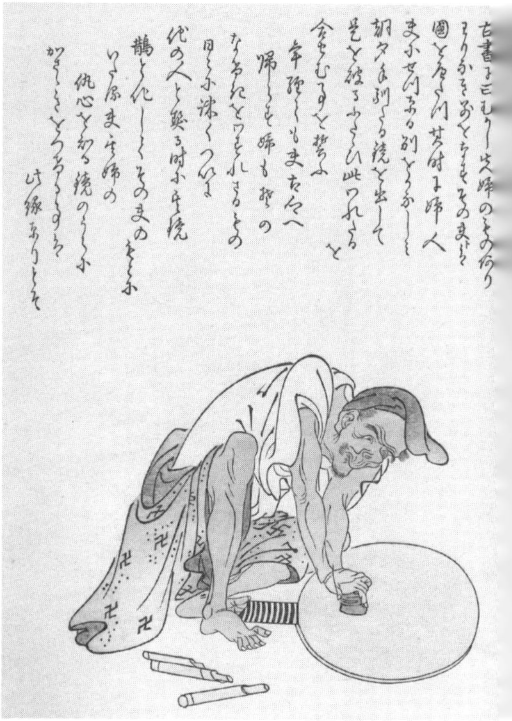

■據說當時有位鏡師獲得天下無雙的稱號《彩畫職人部類》

■鏡師《寶船桂帆柱》

鏡子

■齒黑是已婚女性的標誌。染黑牙齒時使用的工具有三種：用來漱口的大碗，叫做「耳盥」；蓋在耳盥上的金屬板，叫做「渡金」；裝染料的「齒黑壺」。《諸職人物畫譜》

齒黑●據說古代貴族或武士的男子也有齒黑的習俗，但是到江戶時代以後，只剩下已婚女性才需染黑牙齒。染液的做法是把鐵片浸泡在茶水或梅醋裡，然後用毛筆沾取液體塗在牙上。

風呂

■江戶的湯屋。浴場非常狹窄。入口叫做「石榴口」，客人從石榴口鑽進浴場。畫面的左上有一隻腳，那裡就是石榴口。《浮世風呂》

■江戶的湯屋跟京坂地區不同，二樓通常設有男性專用的休憩處。顧客付了茶費之後，就可以在這裡下圍棋、象棋。《浮世風呂》

湯屋

江戶的公共澡堂叫做「湯屋」或「錢湯」，京坂則稱為「風呂屋」。文政年間（一八一八－一八三〇），江戶城裡共有六百多間湯屋，幾乎每個町都有一間。湯屋的收費大人八文，孩童四文。江戶中期之前，湯屋採用蒸汽式浴場，顧客都是利用水蒸汽搓澡，男客入浴時穿著丁字褲，女客的下半身也圍著襯裙，後來大家才使用浴槽泡湯。之後，幕府就頒布禁令，嚴禁男女混浴。

■京坂的公共澡堂叫做「風呂屋」。江戶人因為擔心引起火災，所以一般住家都不設浴室。京坂的住家普遍設有浴室，所以市內風呂屋的數量很少。《人倫訓蒙圖彙》

手巾店

據《守貞謾稿》介紹，製作手巾的材料是白棉布，首先用鯨尺測量，剪下一段約二尺五寸（九十五公分）的布塊，然後以抓染方式在棉布上印染芥子紋（較大的圓點）、豆紋（細碎的小圓點）等圖案，或採用半邊留白的「半染」方式構築圖案。手巾上的圖案種類繁多，但是沒有條紋圖案的手巾。手巾在江戶時代除了用來擦拭臉孔、身體之外，也常被用來包覆頭部。

手巾

■愛時髦的男人用抓染的圓點芥子紋手巾裹著腦袋。《民家育草》

■手巾與專門用來掛手巾的木架《商賣往來繪字引》

■手巾店裡掛著各種圖案的手巾樣本《寶船桂帆柱》

各種手巾●《守貞謾稿》

裡面列舉了幾種代表性手巾帽的方式，首先是最常見的護臉式，把手巾兩端拉至左頰打結，再把多餘的布料壓在布結的下方。高官式手巾帽也叫吉原式，捆包的方式是把手巾對折後，兩端拉至髮髻後方打結。米店老闆用手巾包頭的式樣叫做米店老闆式手巾帽，江戶下町的消防隊員包頭的方式被稱為奮勇式手巾帽。

■高官式手巾帽

■護臉式手巾帽

■護臉式手巾帽

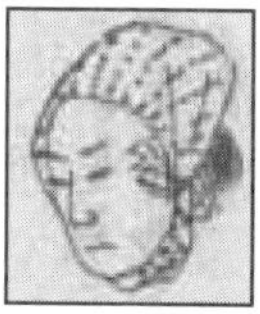

■奮勇式手巾帽

■米店老闆式手巾帽

*以上各圖刊載於《守貞謾稿》

江戶
小常識

■愛看戲的商店老闆正在發表意見，腰間掛著菸管袋和菸草袋。《客者評判記》

■畫中的人物是魚店老闆。因為店裡的地面總有積水，腳被弄溼了很不舒服，所以老闆穿著屐齒較高的木屐。《寶船桂帆柱》

【江戶時代的服飾祕聞】

●**條紋圖案**　江戶庶民服裝的圖案以條紋為主。當時的布料種類相當豐富，除了正式禮服不用條紋圖案外，日常服的圖案幾乎全都是條紋。其中包括直線條紋、橫線條紋，還有格子花紋，在當時也算是一種條紋圖案。譬如像「團十郎縞」，是由平行的三條直線組成格子花紋，別名叫做「三升格子」，因為歌舞伎演員市川團十郎常穿這種圖案的服裝，因而受到大眾喜愛。另外還有種棉布叫做「盲縞」，職人的連身圍裙、襯褲和綁腿都是用這種棉布縫製，其實這種布料根本沒有花紋，只因織布所需的經線和緯線都染成深藍色，所以名稱裡才有「縞」（條紋）這個字。

●**印籠與菸草袋**　各種服飾的配件讓使用者感受到時尚的樂趣，譬如女性裝飾髮髻的梳子、髮笄、髮簪，男性插在腰帶裡的各種道具小物。譬如菸管袋和菸草袋都是實用品，通常是成對地掛在腰間。印籠則屬於裝飾品。有些人會把藥丸裝在印籠裡，但武士在正式場合穿著禮服時，雖然規定必須佩戴印籠，卻不准裝入任何東西。印籠的裝飾方式繁多，有人在印籠表面加上蒔繪圖案，也

■江戶末期出版的言情小說《春色戀迺染分解》的一個場景。圖中遍布各種布疋圖案，從女人的小袖和服到棉袍，還有棉被，令人看得眼花撩亂。畫面中央的格子花紋是由五根線條組成，另外還有三根線條組成的格子紋，叫做「團十郎縞」。

■據說為了節省胭脂，當時的女性只在嘴唇兩端淺淺地塗上一層胭脂，嘴唇中央先塗上黑墨，然後才用胭脂蓋上去。《守貞謾稿》

有人把玉佩、墜子掛在印籠上。

●江戶的尺寸　江戶時代計算長短的基本單位是「寸」（約三公分），十寸為一尺，十尺為一丈。大工的工具「曲尺」也以寸為標準單位。裁縫使用的尺則叫做「吳服尺」，吳服尺的一尺等於曲尺的一尺二寸。此外，測量房間的寬度與深度以「間」為單位，一間等於六尺。襪子的大小以「文」為單位。這種表示方式來自寬永通寶的一文錢幣，假設把錢幣從襪子的腳尖排列到腳跟，錢幣的數量也就是襪子的「文」數（十文約等於二十四公分）。

■襪子的尺寸以「文」為單位。文與文之間等分為三，分別叫做三分、半、七分。《女用訓蒙圖彙》

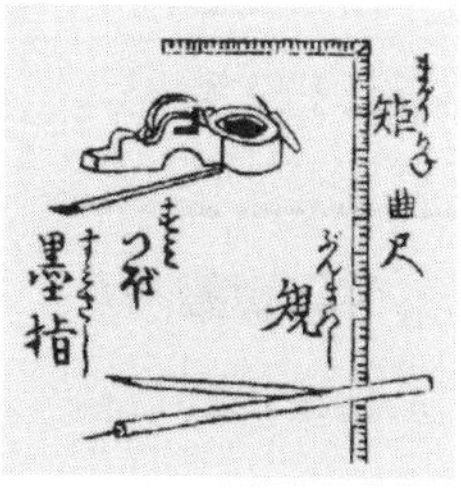

■測量直角的曲尺。長邊的長度為一尺五寸，短邊為七寸五分，長短兩邊都標明了刻度。《寶船桂帆柱》

第二章・服飾（二）

公卿與武士的服裝

公卿

■戴冠的公卿《頭書增補訓蒙圖彙》

冠帽類 ◆冠師◆烏帽子折

鞠毬 ◆鞠括◆蹴鞠裝束師

武士

■頭戴烏帽子的武士《頭書增補訓蒙圖彙》

甲冑 ◆鎧甲師◆足打◆具足師

長刀 ◆長刀店◆武器店◆刀匠◆風箱匠◆鐵匠◆刀拵師
◆刀柄匠◆鮫皮店◆鑲嵌師◆刀鍔店◆磨刀匠◆砥石匠

弓箭 ◆弓匠◆弓弦匠◆箭匠◆箭靫

槍炮 ◆槍炮工

服飾（二）

服飾追求雅緻，跟「長刀美學」不謀而合

■武内宿禰是大和朝廷時代的傳說人物。不過圖中的冠帽卻像是平安時代的樣式。《永代節用無盡藏》

前一章已向讀者介紹了製作或販賣庶民生活用品的各類職種。這一章裡，讓我們走近身處遙遠世界的公卿、武士，試圖了解跟他們有關的各種職業。

●服飾文化始於貴族　水往低處流。用這句話來形容文化擴展的模式或許不太恰當，但是身居上位者所擁有的莊嚴、美感和價值觀等特質，都可以從庶民的食、衣、住、行、育、樂等各方面反映出來。也因此，每當執政者進行更替之後，那個時代的文化也會隨之發生變化。這種變化先從公卿擴及武士，然後再對扮演文化旗手的町人發生影響。就拿服飾穿著來說，最先開啟現代服飾先河的，應該是古代的貴族吧。跟服裝有關的各類職種在前面的章節已經介紹過了，所以這一章將以武士的甲冑服飾與武器為主，順便也向各位介紹武士的冠帽，以及其他一些獨特的裝束。

●「實用美」為起點　舉例來說，古代的農民都在農閒時期利用稻草做些手工藝品，「刀」就是這種手工藝事業的產物，它不僅具備道具的功能，也擁有美麗的外型。同樣的，像弓箭、長矛、大刀、步槍等各種武器，也都具備相同的特性。步槍發明後，人類的戰鬥模式變得更為激烈，而自古就已存在的弓箭，仍被視為「遠射程武器」而保存了下來，直到亂世結束，古代各種武器才終於功成身退。到了太平盛世的江戶時代，甲冑與弓箭早已無用武之地，唯有長刀仍被視為武器的象徵而廣受推崇。一把好刀的先決條件是什麼呢？簡單一句話，必須能夠「一刀斷骨」。不過，據《貞丈雜記》介紹，當時刀劍鑑定師的任務卻只判斷

■平安武將源義家身穿重型盔甲，頭盔上有鍬形裝飾。《永代節用無盡藏》

長刀的做工是否精巧，刀匠的鍛冶技術是否精練。至於刀刃是否銳利，刀型是否美麗，鑑定師們並不看重。假設有一把鎌倉室町時代到達進化頂峰的長刀，還有一把江戶時代打造的離「實用」越來越遠的新刀。如果用這兩把刀殺人的話，刀身花紋的美醜似乎無關緊要，而更重要的是，「利刃才美」吧。

●遠離「實用美」的長刀　製作一把長刀並不是刀匠一個人的任務。當長刀逐漸成為服飾的一部分，佩刀的造型也開始受到重視，也就是說，刀上的裝飾變得越來越重要。譬如刀柄、刀鞘、刀鍔，以及收藏在刀鞘裡的護身小刀，這些配件距離實用性越來越遠，使用者和職人懷抱的執著越來越強烈，彼此爭相追求更精緻的做工。譬如刀身鐵材的鍛冶技術、刀柄的捲製手法、刀鍔的螺鈿技法與設計等。隨著時代變遷，長刀從武士階級普及到庶民社會，刀也變成了日常生活必需品，儘管刀匠製作的成品不同於以往，但手藝技巧卻繼續傳承下去。而各類職人也跟刀匠一樣，雖然使用的質材如木材、金屬、布疋等，跟以往不同，但不論哪一行的職人傳遞技術的任務卻是相同的。

●鍛冶與大工　《職人歌合》是由職人創作的和歌集，據說最早從中世紀開始流傳，至今仍有很多作品提供後人欣賞。每首和歌的主題都以兩位職種相似的職人為一組，以和歌的形式描寫職場景象，同時在文字旁邊配上插圖。就拿《三十一番職人歌合》來說，這部和歌集裡共有六十二位職人登場，其中出場頻率最高的組合，就是木匠和刀匠。刀匠最先使用鐵材做出農具，接著，又打造出武器、菜刀。在廣大庶民眼中，刀匠和木匠同是職人界不可取代的兩強，後者的任務則是建造供人躲避風雨的住宅。直到今天，刀匠和木匠的卓越技巧不但被傳承下來，也繼續存在於世界的某個角落。

公卿

德川家康統一天下後，原本效忠天皇的侍臣已經名存實亡。這些官員自詡曾為高雅技藝與衣食住等各方面打下基礎，他們頭上的頂戴則可視為擁有臣子虛名的象徵。

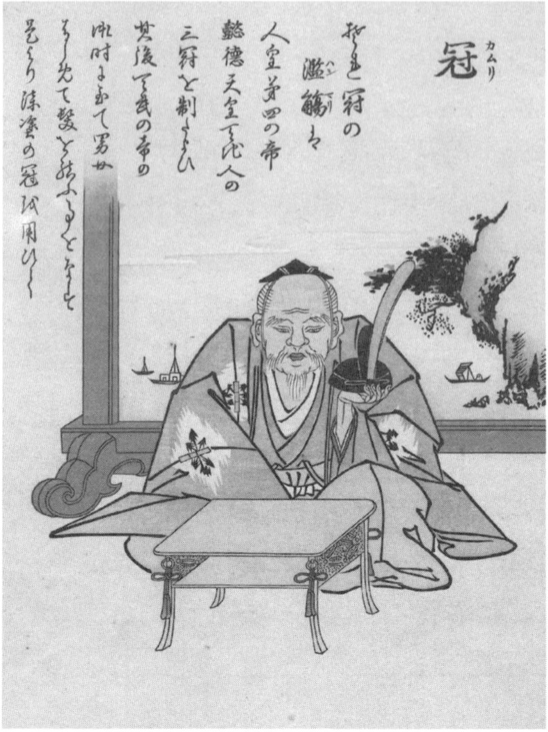

■冠帽上有一根像鞋拔似的東西，叫做「纓」，天皇的「纓」向上翹起，叫做「立纓」，臣子的「纓」向下低垂，叫做「垂纓」。《彩畫職人部類》

冠帽類

冠師

「冠」是身分高貴的臣子身穿禮服時的頂戴，製作時，把黑漆塗在黑綢上固定形狀。「冠」的主體分兩部分：覆蓋腦袋的部分和容納髮髻的「巾子」。後方垂一根薄紗製成的「纓」。只有身分高貴的大臣才能戴冠，除了進宮晉見天皇的公卿外，譬如將軍、御三家等武士中的高官也能戴冠。

冠

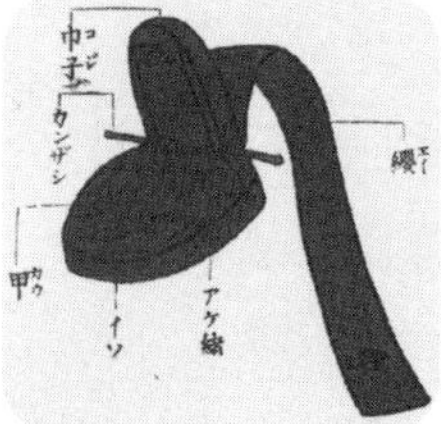

■冠。戴好之後，將髮簪從巾子底部貫穿插入，藉此將冠固定，以免脫落。《服色圖解初編》

烏帽子折

烏帽子是顏色黑如烏鴉的帽子，前面介紹的「冠」是配禮服的禮帽，烏帽子則是便服的一部分。烏帽子種類繁多，外型各異，大致可歸類為：立烏帽子與折烏帽子。據《頭書增補訓蒙圖彙》說明，立烏帽子只有身分高貴的公卿才能佩戴，其他還有風折、梨打、左折、右折、小結、荒目等各種名稱的烏帽子。製作烏帽子的職人叫做「烏帽子折」。

■圖中正在塗漆的職人手裡拿的是折烏帽子，身邊擺著一頂立烏帽子，陳列在店門外的巨型烏帽子，是故意放大當成招牌。店內的木架上自左而右擺著：冠、折烏帽子、立烏帽子。《繪本士農工商》

烏帽子

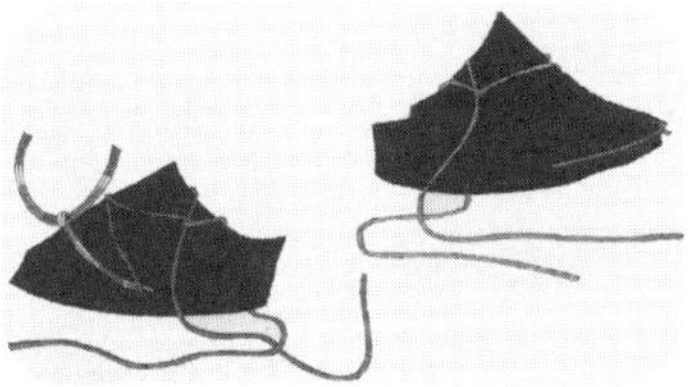

■折烏帽子也叫做「武士烏帽子」《服色圖解初編》

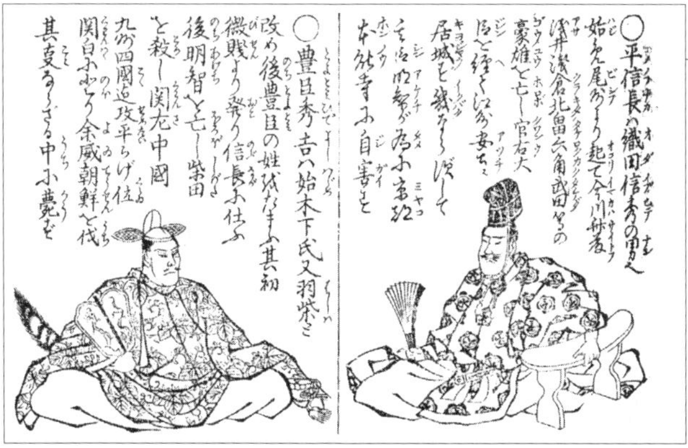

■右邊是戴著烏帽子的織田信長。左邊的豐田秀吉曾被封為關白，因為身分高貴所以戴冠。《永代節用無盡藏》

鞠毬

■京都、大坂、江戶三大都市分別住著幾位製作的鞠毬的「鞠括」《彩畫職人部類》

鞠括

蹴鞠是一種運動，參加者爭相腳踢「鞠毬」，不讓「鞠毬」掉落地面，製作「鞠毬」的職人叫做「鞠括」。材料是兩塊鞣好的鹿皮。鞠毬的外型並非球體狀，兩塊鹿皮連接的攔腰處呈現凹陷狀。

蹴鞠原是公卿王侯的休閒活動，室町時代之後，也開始受到武士的熱愛。

蹴鞠裝束師

蹴鞠的參加者頭戴立烏帽子，腳踏皮靴。身上穿著圓領附繩紐的上衣，叫做「水干」，下身穿著裙褲，用葛布或皮革縫製而成。烏帽子、皮靴都由染皮的專業職人負責製作。

■蹴鞠的場地叫做「懸」，四邊種植松、楓、柳、櫻等樹木，把場地團團圍住，蹴鞠的服裝按照身分各異，譬如圖中戴立烏帽子的人，地位比較高，地位低的人戴武士烏帽子或不戴帽。《人倫訓蒙圖彙》

武士

這一節裡，讓我們經由職人的作業現場進一步了解甲冑和武器。這些武器包括個人對戰時代的主要武器弓箭，戰亂時代使用的遠射程武器步槍，以及堪稱武士象徵的長刀。

甲冑

■鎧甲師。用針線把甲片綴連起來的工序叫做「威」（同「縅」），用來綴連甲片的絲線或皮線叫做「威毛」。鎧甲的種類極多，根據顏色、圖案的不同而分別取名為緋威、紅威、沢瀉威。《彩畫職人部類》

鎧甲師

鎧甲是用絲線或皮線，把切成小塊的皮革或鐵片綴連而成。原本是為了保護身體，避免遭到弓箭或刀槍傷害，但在步槍出現之後，人類戰爭的方式也出現了變化。之後，隨著時代變遷，鎧甲慢慢變成燦爛又具裝飾性的道具。也因為縫合方式、圖案組合，皮料印染等交互運用，也變得更加多采有趣。

冑●頭盔上覆蓋腦袋的碗形部分叫做「冑」，垂在「冑」的後方用來保護脖子的部分叫做「錣」。頭盔前方則安裝了各種裝飾物。戰國武將對頭盔的裝飾非常講究，也喜歡爭奇鬥豔。

■頭盔上的鍬形裝飾據說因為跟農具「鐵鍬」相似而得名《商賣往來繪字引》

■下地師負責甲片的鐵材加工，絲線匠負責製作絲線，然後由鎧甲師把甲片綴連起來。《人倫訓蒙圖彙》

足打

「足打」是編織繩帶的技術。編織時，職人一面用手分配絲線，一面用腳編織收緊，因而得名。捲繞在大小兩刀（長刀與護身刀）刀柄上的繩帶，以及綴連甲片的「威毛」，通常由女性負責編織；掛在刀鍔上的繩帶，叫做「下緒」，主要是由男性負責編織。

■足打《人倫訓蒙圖彙》

■掛在刀鍔上的繩帶叫做下緒《商賣往來繪字引》

具足師

「具足」即是甲冑，跟前一頁提到的鎧甲幾乎是同義詞。不過隨著時代變遷，鎧甲也發生了變化。昔日的重裝備型大鎧甲日漸簡化，演進為現代的輕型鎧甲。從前的繁瑣綴連工序也已消失，只剩下保護手臂和小腿的護臂和護腿。今日的承平歲月裡，鎧甲跟現代刀劍一樣，早已失去追求實用性的必要，而只保留了製作技巧而已。

■具足師《寶船桂帆柱》

護身甲●穿在鎧甲裡面的護身甲叫做鎖帷子。據《人倫訓蒙圖彙》記載，護身甲是給大將穿的，是用鐵絲和鮫皮碎片製成。

■全副武裝的大將《商賣往來繪字引》

長刀

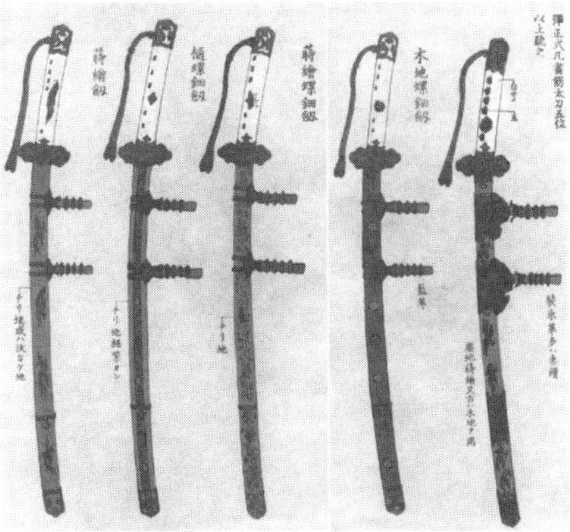

■公卿穿著禮服時佩戴的長刀，叫做「錺劍」。刀柄、刀鞘都有螺鈿與蒔繪裝飾，看起來豪華絢爛。《服色圖解初編》

長刀店

據《人倫訓蒙圖彙》介紹，京都的長刀店位於二条城南側的寺町三条，以及其他零星地點。而在武士眾多的江戶城裡，長刀店聚集的地點甚至形成了同業商業區。《守貞謾稿》記載，日本橋久松町附近的長刀店出售的新刀都很便宜；芝的日蔭町對面有很多武士住宅，附近的長刀店只賣二手的長刀、護身刀與附件，價格都不太貴。

武器店

《守貞謾稿》提到過江戶下谷御成道的一家武器店。這家店裡的商品除了古董武器、甲冑、長槍、長刀、馬具之外，還有古銅水盆、香爐、火爐等。當時任何一家武器店裡都隨時擺著幾十根長槍待售，但嘉永六年（一八五三）美國軍艦在浦賀登陸時，不僅長槍就連甲冑也都搶購一空。等到危機度過之後，店家才又重新訂購了全新甲冑。御成道也因為這次突發事件，變成生意興隆的商業區。

■奈良、美濃等地打造的長刀、護身刀送到長刀店出售。《人倫訓蒙圖彙》

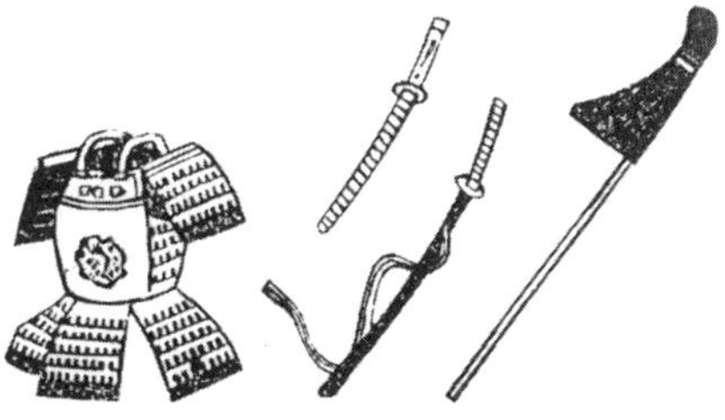

■各式各樣的武器。從右至左：長刀、大刀、護身刀、鎧甲。《商賣往來繪字引》

長刀

■刀匠正在鐵砧上錘鍊刀身。他右手拿著槌子，左手拿著夾住刀身的工具，叫做「鐵鉗」。《彩畫職人部類》

刀匠

長刀是武士身分的象徵，製作長刀的職人叫做「刀匠」。打造長刀時，先用槌子敲打原料的鐵材，待鐵材搥成刀身模樣後，再進行淬火處理。這種職業從武士興起的源氏與平氏時代開始普及，鎌倉室町時代進入全盛時期。特別是在備前與美濃兩地，都有很多著名的刀匠，到了江戶時代，俸祿十萬石以上的大名所在的藩屬城下町，都聚集了很多實力優越的刀匠。

■刀匠。圖中的兩名刀匠輪流用槌子錘鍊刀身，日文叫做「相槌」，這個詞後來被用來形容雙方對話順暢。《人倫訓蒙圖彙》

■風箱匠《人倫訓蒙圖彙》

風箱匠

風箱是為了送風加強火力的道具。鐵匠、鑄造匠等專門處理鐵材的職人都要使用風箱。譬如刀匠一面調整風力強弱，一面調節火力，等到爐火的溫度到達理想程度時，便開始進行鐵材的淬火處理。

鐵匠

鐵匠是把鐵材鍛造成道具的職人，這種職業自古就有，主要製品是農具。凡是跟百姓生活有直接關係的道具，鐵匠都能製作，其中包括能幫助農民輕鬆墾地，種植稻米作物所需的農具，還有每天做菜必需的菜刀等。

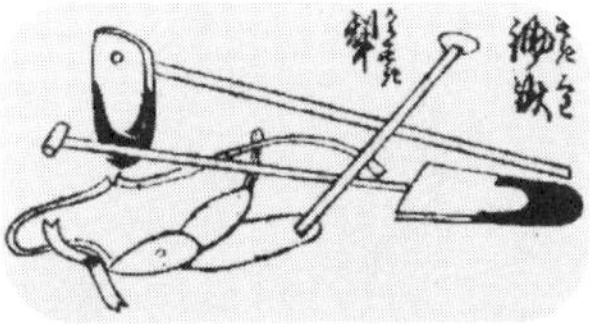

■鋤頭與鐵鍬。銳利的刀刃跟木柄呈直角狀的是鐵鍬。《兩點庭訓往來》

鐵匠《人倫訓蒙圖彙》

■《日本山海名物圖繪》提到「堺菜刀」時指出，當地出產的菜刀、薄刃刀、刺身刀、菸草刀……全都是名產。堺也是槍炮匠聚居之地。《日本山海名物圖繪》

刀拵師

「拵」是指收納長刀的刀鞘、刀柄、刀鍔等的總稱。徒手抓著沒有刀鞘的刀身到處亂跑，是很危險的事情。長刀原是講求實用性，但隨著時代變遷，長刀的裝飾性逐漸受到重視，職人開始把注意力集中在刀鞘的塗料、刀柄的鮫皮和刀鍔的裝飾上。

■負責裝飾長刀外部的職人叫做「刀拵師」《寶船桂帆柱》

■刀柄匠《人倫訓蒙圖彙》

刀柄匠

長刀的把手部分叫做「刀柄」，用繩帶捲繞刀柄的職人叫做「刀柄匠」。據《人倫訓蒙圖彙》介紹，最基本的捲繞方式叫做「菱卷」，另外還有片手卷、胡麻紋等各種捲繞法。片手卷是用一根繩帶單向纏繞，不像菱卷是用繩帶在刀柄上交互捲繞。

鮫皮店

出售鯊魚皮的商店叫做「鮫皮店」。店裡的鮫皮通常用來包覆刀柄，因為鮫皮像磨砂紙一樣粗糙，用鮫皮包住的刀柄不容易滑落。刀柄匠採用繩帶捲繞刀柄之前，鮫皮是極為珍貴的防滑材料。

■鮫皮店《人倫訓蒙圖彙》

■用鮫皮裹住的刀柄《商賣往來繪字引》

鑲嵌師

在各種道具的表面嵌入金銀貝殼，鑲成花紋圖案的職人，叫做「鑲嵌師」。譬如刀鍔、小刀、馬鐙等各種武器與馬具，還有日常器皿，也常以鑲嵌作為裝飾。

■職人正在為馬鐙鑲嵌。馬鐙是掛在馬鞍兩邊的腳踏。《人倫訓蒙圖彙》

長刀

■刀鍔店《人倫訓蒙圖彙》

刀鍔店

把長刀收進刀鞘時，阻擋刀身全部滑入的配件叫做「刀鍔」。如果用手猛力拔刀出鞘，刀鍔還可起到護手的作用。不過江戶時代以後，刀鍔變成精心設計，供人賞玩的裝飾品。刀鍔店販賣各種大小古董刀鍔，有些商店還雇用磨鍔匠（刀鍔師）把古董刀鍔整修後賣給顧客。

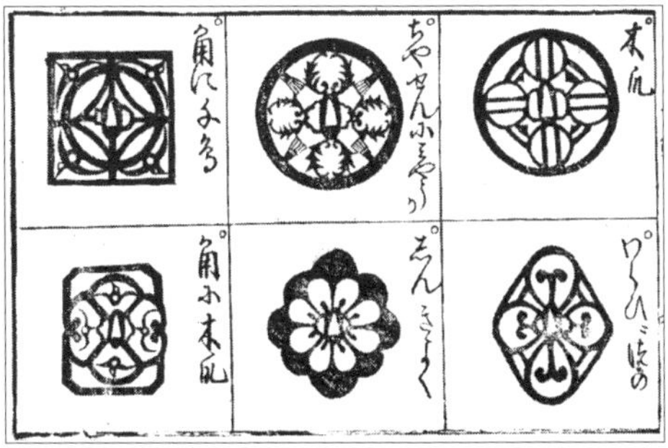

■刀鍔上雕刻著各種紋樣，凸顯了長刀的裝飾性。《後藤家雕物目利》

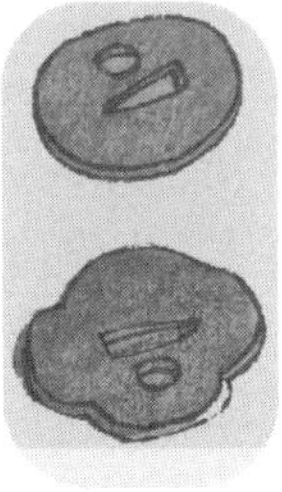

■圖中的刀鍔是用銅銀合金的「四分一」和鐵材製成的《商賣往來繪字引》

磨刀匠

長刀打造完成之前，刀匠會先研磨一番，即使在長刀完工之後，也需要經常進行維修保養。如果長刀只是偶爾抽出刀鞘使用，或許只用鞣皮擦拭一下也就夠了，但是在必要的情況下，還是得請磨刀匠幫忙。磨刀的砥石（磨刀石）分三種：表面顆粒較粗的粗砥石、中砥石，以及進行最後一道工序時使用的細砥石。

■磨刀匠《繪本士農工商》

研磨

砥石匠

山上開採下來的石材當中，有些適於製作砥石。砥石匠就是把這些石材加工製成砥石的職人。砥石的產地遍布全國各地，譬如鳴滝砥，自古即是名產，研磨長刀、剃刀的最後一步總是使用鳴滝砥作結束，此外，有名的砥石還有三河的名倉砥、丹波的佐伯砥等。

■砥石匠《人倫訓蒙圖彙》

■切割石塊的職人叫做「石匠」，也叫做「石工」。進行切割作業時，石匠把鑿子放在石塊上，再用鐵鎚敲擊鑿子。《諸職人物畫譜》

弓箭

弓匠

從前的弓匠削木製成弓柄，所以弓匠也叫做「弓削」。一把弓是否好用，會影響到戰爭的勝敗，所以弓柄的原料也從單純原木不斷進化，譬如最受歡迎的藤弓，就是把極具韌性與強度的藤條捲繞在弓柄上。在弓柄上捲繞藤條的方式與技法種類繁多，其中包括最具代表性的「塗籠藤」（用藤條纏緊弓柄後，再塗一層漆料）。

■身為武士的後代，從小就得培養、鍛鍊射箭的技藝。《頭書增補訓蒙圖彙》

■弓匠也稱為弓箭師，箭即是矢。畫中的狂歌寫道：「弓匠賺錢不手軟，立志速度比箭快。」《寶船桂帆柱》

■弓匠削竹製成弓柄《人倫訓蒙圖彙》

弓弦匠

專門製作弓弦的職人叫做「弓弦匠」，也叫做「弦差」。弓弦的製作過程是先搓緊麻線，塗上松脂油。松脂油的黏性很強，所以射箭時抓弓的那隻手，也需抹些松脂油。弓弦匠把處理妥善的弓弦安裝在弓上，便算大功告成。

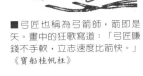

■箭匠和弓匠都在室內工作，屬於居職。《頭書增補訓蒙圖彙》

箭匠

製作箭矢的職人叫做「箭匠」。箭矢藉著弓弦的反彈力向遠方飛去，射中敵人或動物。箭匠削竹或削木製成箭身後，在箭身前端裝上箭頭，箭尾插上羽毛。實戰型的箭矢代表叫做「征矢」。箭頭的形狀有很多種，有些呈柳葉形，貌似長槍頭，有些呈圓柱形，箭尾插上三片羽毛。

弓箭

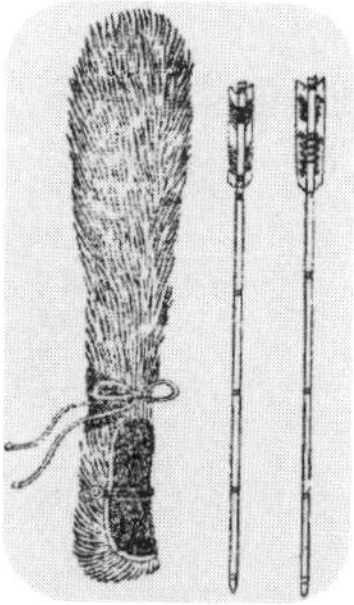

■收納箭矢的箭靫和箭。圖中的箭叫做「征矢」，圓柱形箭頭最前端削得很尖。《頭書增補訓蒙圖彙》

箭靫

箭靫也可寫為「空穗」，是攜帶箭矢的工具，使用時，把箭矢裝進箭靫，掛在腰上。箭靫的外型細長，貌似魚簍，有些人使用毛皮做裝飾。狂言有個劇目叫做《靫猿》，故事主角是個耍猴的江湖藝人，他的小猴子差點就被大名剝皮做成箭靫。

■箭靫《彩畫職人部類》

槍炮

射擊練習《繪本士農工商》

槍炮工

步槍、火繩槍最先是在戰國時代由葡萄牙人傳入日本，然後經由種子島傳到堺，之後，堺附近的近江國的國友、紀州的根來等地，便逐漸出現槍炮工人。江戶時代以後，幕府對槍炮進行嚴厲管制，禁止任何人隨意製造槍炮。而將軍御用的槍炮，則由堺和國友兩地的槍炮工在幕府命令下進行製造。

■《頭書增補訓蒙圖彙》刊載的步槍圖旁的說明寫著「鳥槍」

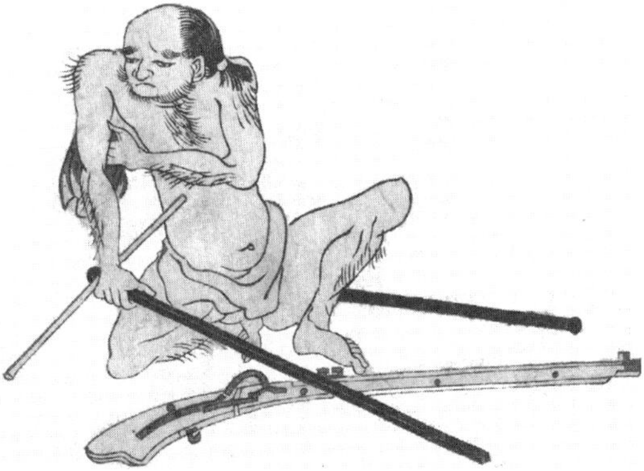

■槍炮師拿著拼裝完成的槍管。每一支槍都是由許多專業的職人共同努力才能完成，譬如槍管由槍炮匠負責，槍托由台師負責，金屬附件則由金具師負責。《今樣職人盡歌合》

■從上至下為：十匁槍、短槍、小槍、大槍。「匁」是重量單位，指子彈的重量。而不同重量的子彈直徑也就是槍口的口徑。譬如十匁槍的口徑約為十九毫米。《商賈往來繪字引》

江戶豆常識

■各地大名齊聚在江戶城樓的大堂內聆聽將軍訓話。第一排的大名穿著「束帶」，也就是象徵地位最高的禮服，頭上戴冠，上衣的衣襬特別長。《德川盛世錄》

■公卿戴冠，武士戴烏帽子，各有特別的儀式，但隨著時代變遷，這些儀式逐漸簡化，後來只剩下髮型的改變。圖中是武士戴烏帽子的方式。《包結圖說》

■穿元服的背影《商賈往來繪字引》

■圖中的服裝叫做「大紋直垂」，是一種武士的禮服，簡稱「大紋」。淺野內匠頭在江戶城樓大殿裡引發「赤穗事件」時，身上就穿著這種禮服，兩個袖管非常寬大，拖在身後的長裙褲上印著大型家紋。《德川盛世錄》

【武士社會，服裝必須符合身分】

我們在時代劇裡看到的武士，都是腰插長刀，後腦勺上梳著一絲不苟的髮髻，抬頭挺胸，昂首闊步。出門時，武士都穿著和服外套的羽織和裙褲。總而言之，武士外型的基本要素包括：佩刀、髮型和衣著。

●**元服是通往成人之路** 元服對武士來說是非常重要的儀式。通常在十五歲前後舉行。男子在儀式中把頭頂的髮絲剃光，呈新月形，叫做月代，同時梳起配合武士身分的髮髻。古代正式的元服儀式中，男子還要戴上武士烏帽子（上圖），但這個步驟從江戶時代起就省略了。同時，男子舉行元服儀式後，就要改用真名取代幼名，作為武士生涯的起步。譬如伊豆千代丸改名北条氏康，竹千代改名為松平元康（後來的德川家康）。

●**兒子繼承父親的身分** 或許有些武士長大成人後飛黃騰達，能夠超越父輩，但一般出生在武士家族的子孫，都必須繼承父輩的身分。武士不僅服裝不能亂穿，萬事都得依照家門的規格行事，就連日常服或禮服都不能

■紀州藩的藩主晉謁將軍時，有規模龐大的隨從隊伍護送入城。《德川盛世錄》

■藩主跟家臣在一起時，藩主總是悠閒自在，身穿裃衣的家臣則顯得謹言慎行。《民家育草》

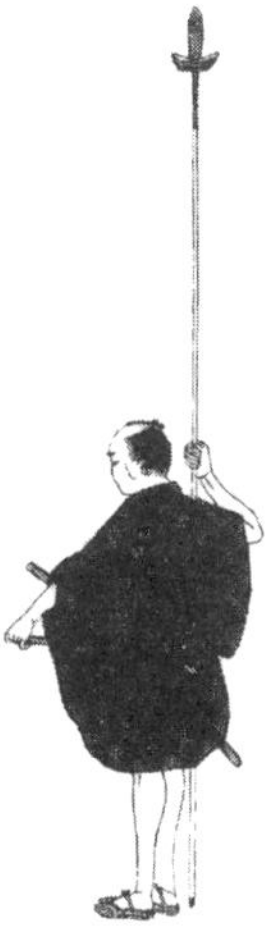

■手持長槍的「中間」（最下級的武士），腰間插著木刀，腳上穿著草鞋。《德川盛世錄》

任意穿著。武士拜謁將軍時必須衣冠束帶，同時還要遵守許多瑣碎的繁文縟節。江戶時代有很多閒置的武士，他們雖是沒有職銜（無事可幹）的將軍直屬家臣，卻得恪守本分。只有在町奉行所工作的下級武士可以例外。在町奉行所擔任上司的与力仍照規定穿著裙褲，但是部下的同心可以只穿羽織外套。

■沒有主君可以效忠的武士，叫做浪人。武士一旦失去士籍，不論什麼理由，身分立即降至「農工商」之類，不過姓氏與佩刀的特權仍然保留。所以浪人的衣著雖然粗陋，腰間卻插著象徵武士自傲的佩刀。《頭書增補訓蒙圖彙》

第三章・學習

各種傳授知識的職業

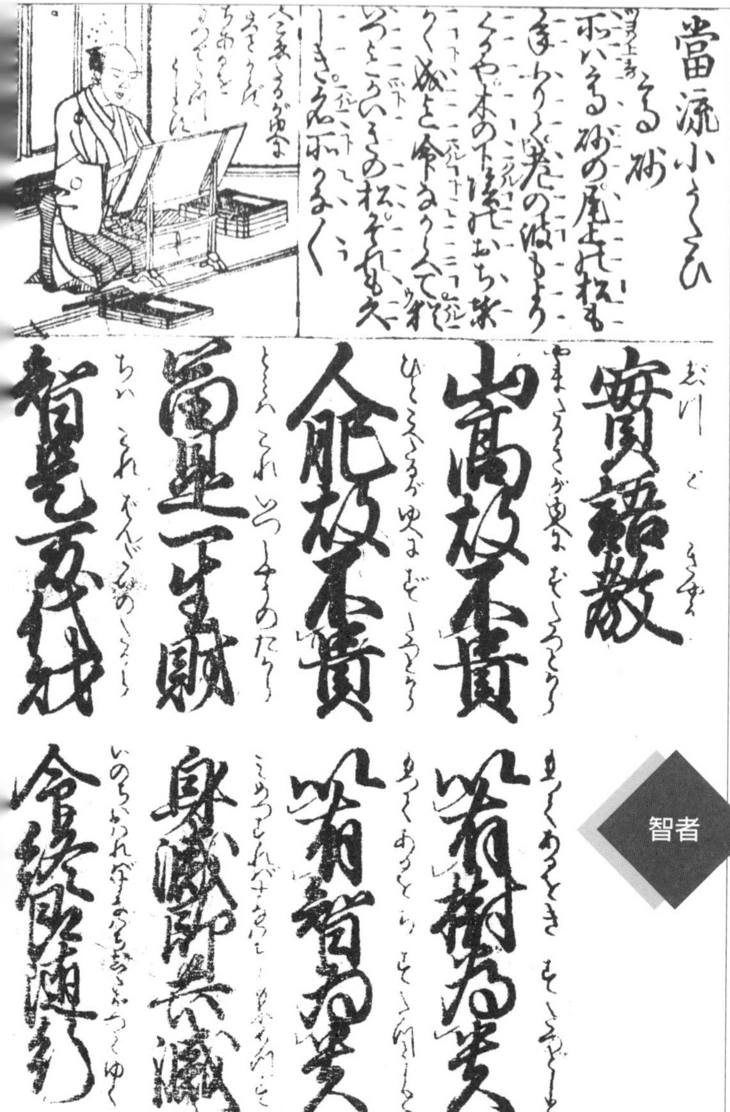

■《童子專用寺子調法記》是以書信往來形式書寫的教科書，學生一面接受道德教育，一面學習讀寫漢字。

文房四寶

紙

◇滙紙◇紙店◇廢紙販

筆

◇筆匠◇筆墨販

墨

◇墨匠

硯◇硯匠

智者

學問

◇學者◇算者◇算盤修理匠

知識分子

◇習字師父◇寺子屋◇占卜師

◇有職者◇諸禮者◇鑑定師

創作者

書畫

◇繪師◇筆道者◇經師

印章

◇刻印師◇印泥販

文藝

◇詩人◇歌人◇連歌師◇俳諧師◇戲作者

出版

書

◇書店◇雕師◇表紙匠

繪草紙

◇繪草紙屋◇租書販◇讀賣人

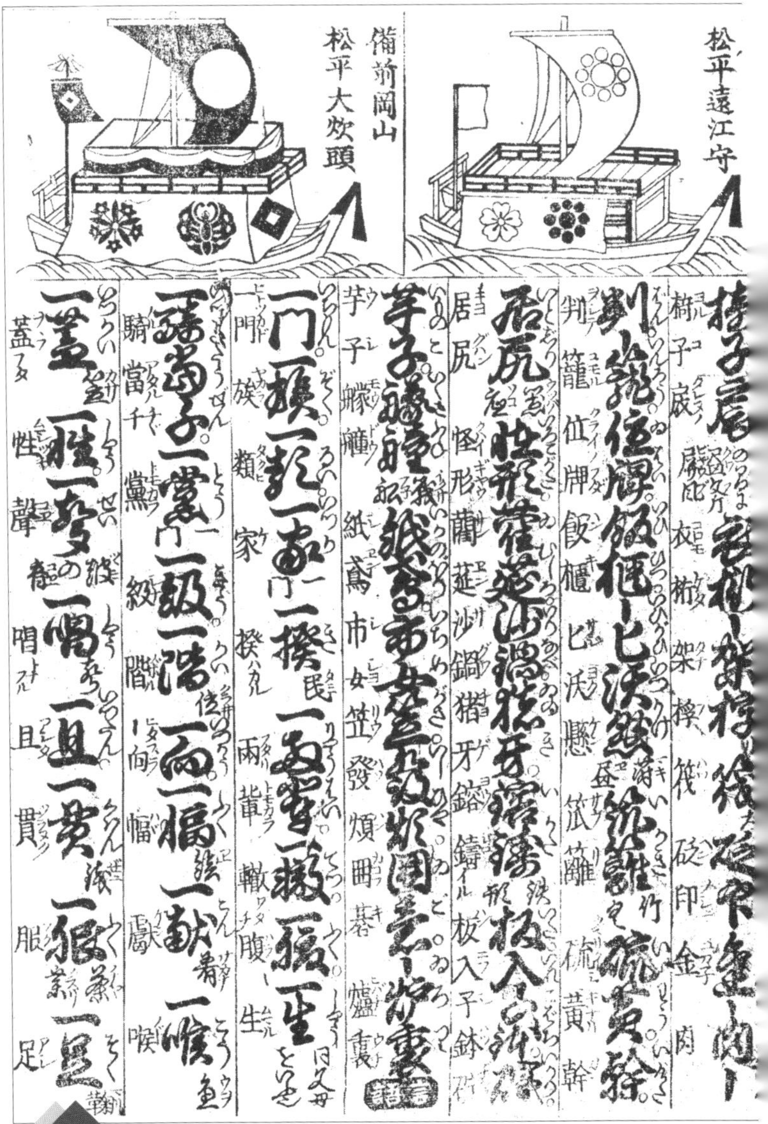

■江戶時代流行的國語辭典，將日常用語按照日文字母いろは的順序排列。版面設計靈活又多樣，譬如上圖是《萬圖節用》，頁面最上方畫著西日本大名的遊船。

學習

指引人生方向的路標，學會讀寫算，福從天上來

■少女正在自宅練習書法《女遊學操鑑》

商店的雇工要是看到老闆滿嘴錯別字還不知羞愧，肯定會對這家店鋪的未來感到憂慮吧。別說是店裡的番頭或手代，就連正在認字的小學徒，只要頭腦機靈一點，就算還沒進店服務，也會對這種老闆感到驚愕吧。因此在這一章裡，我想以「藉由文字認識世間」為題，幫助大家認識各種學習道具，以及跟傳授知識有關的各類職種。這些鑽研學問的職種被歸類為「智者」。除了上述的道具與職種外，我也會向讀者介紹：以文字表達思想的文學，以書畫為手段的藝術創作，以及把這些作品廣為流傳的出版業。

●江戶的文具店 筆、墨、紙、硯是做筆記必備的基本道具，有「文房四寶」的美名。明和七年（一七七〇年）出版的《彩畫職人部類》深入介紹了製作文房四寶的職人。我在這一章的結尾，將以「培養知性的江戶文具」為題，列舉江戶時代實際使用的文具（請參照一一六頁）。

●學習實用學科 江戶時代的小學徒剛進商家服務時並不需要識字，因為老闆只會讓他們做些打掃、跑腿的雜務。然而，十年一眨眼就過去了，這時，小學徒很可能已經爬到所謂「手代」的職位，不但要給老主顧寫信，也要填寫訂貨單，如果不識字，就無法勝任這份工作。所以每天下班後，便由前輩學徒或手代教導小學徒讀寫認字。江戶時代的商人都是以這種方式獲得知識。當學徒之前，先在寺子屋學認字和打算盤，等到進入商店當雇工之後，繼續向店裡的同事學習，成績優異的人就能一步步晉升。

■台灣屬於漢字文化圈，至今仍有出售活字的商店。

●寺子屋的教科書　最具代表性的教科書是《庭訓往來》。「往來」是「書信往來」之意，也就是書信範本集。《庭訓往來》的內容是用漢文撰寫的往來書信，讀完之後，就能學會各種信件書寫格式。譬如信件結尾先寫「謹此」，然後在日期下面寫上寄信人姓名，最後再換一行，寫上收信人姓名。類似的教科書種類多達幾千種，我在前頁（九十四頁）介紹過的《童子專用寺子調法記》，便是其中之一，寺子屋的學童都是靠這些教科書學習認字。

●手抄本與活版印刷　學童照著教科書抄寫原文，再把手抄書頁裝訂成冊，就成為非常理想的手抄本。譬如像《源氏物語》，也是因為有人照著古本抄寫，留下了手抄本，才能流傳到江戶時代也沒有失傳。專賣學術書籍的書店也出售手抄本，而且跟刻印本一樣受到重視。刻印本可以大量印刷，製作手續比手抄本容易得多。從前的往來書信體讀物或休閒書籍，都是以刻印本的形式出版，文字和圖畫全都刻在一塊木板上，而我們現在所知的活版印刷，在當時並不流行。

時至今日，活版印刷已逐漸成為死語，使用的書體也被「字體」取代。江戶時代也曾用過活字，德川家康還曾推薦木製活字或銅製活字的出版印刷。

另外，當時流行的草體字特別重視假名字體的連結，通常是把兩三個假名連成一體，創造這種字體的本阿彌光悅是刀劍鑑定師，他創造草體字是為了追尋活字之美。但他把草體字做成活字的努力，最終還是因為代價太高而放棄。據書籍記載，本阿彌光悅為了保存字形優美的草體字，曾經委託出版業者把手寫草體字分毫不差地刻在印刷的版木上。

文房四寶

想要寫字、畫圖，首先必須有紙。此外，筆、墨、硯也是最起碼的道具。這四種東西是書房裡必不可少的文具，也是展現學習成果的寶物，因此被稱為「文房四寶」。

■自古以來，漉紙向來都是女性的工作。《寶船桂帆柱》

漉紙

漉紙的技術在聖德太子時代傳入日本，直到明治時代為止，日本和紙一直都是用手工製造。製作方法是先把楮樹或雁皮樹的纖維煮至融化，再用竹簾撈起來晾乾，這個過程叫做「漉紙」。右圖的說明文字指出，漉紙是非常累人的工作，每天一早，天還沒亮就得起床割草，一直忙到紙張晾乾才能休息。

紙店

全國各地都生產紙張，並且冠上地名，成為各地的特產。這些名產紙張先送到大坂，再用船隻運往江戶。紙張是傳遞訊息的重要物資。大型消費城市江戶的紙店生意非常興隆，店裡總是擠滿各類顧客，譬如像商店夥計前來購買記事本，出版社員工則來物色書籍用紙。

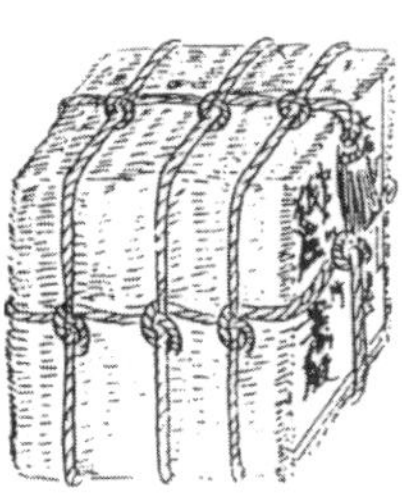

■江戶的紙店看板。草蓆包著裝奉書紙（和紙）的空紙箱，上面捆著草繩。《守貞謾稿》

■三大都市的紙店不僅販賣紙張，也同時兼賣帳簿。《寶船桂帆柱》

廢紙販

廢紙販在街頭來回遊走，收購別人拋棄的帳簿或破爛紙張。收回的紙類分類之後，再轉賣給製作再生紙的職人。江戶時代的衛生紙也叫「淺草紙」，就是再生紙。

■專門收購廢紙的小販叫做廢紙販。除了廢紙之外，他們也按斤兩收購舊衣、破銅爛鐵之類物品。《今様職人盡歌合》

紙

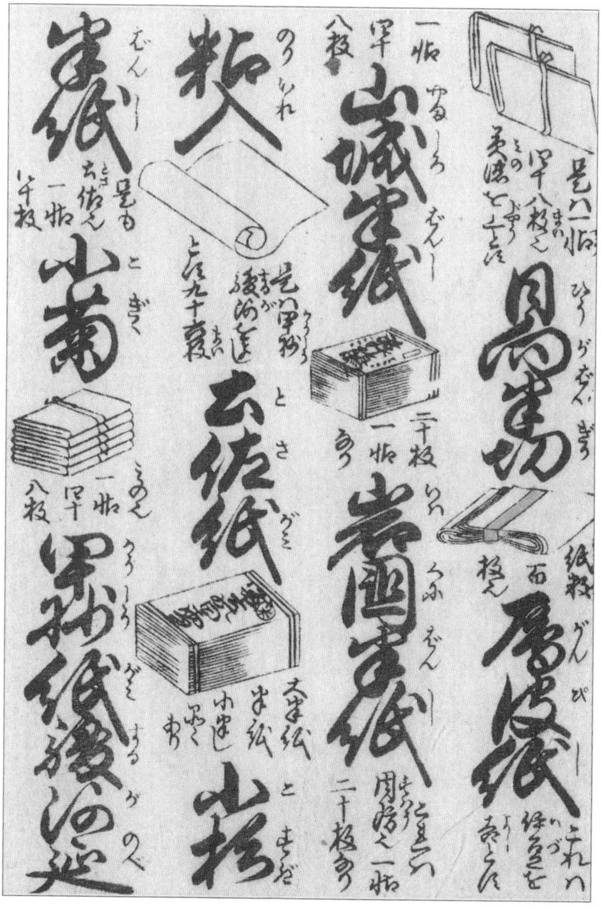

■《商賣往來繪字引》裡介紹了各種和紙。從右上的美濃紙開始，依序為：日向半切、雁皮紙、山城半紙、岩國半紙、糊入（加入米粉的和紙）、土佐紙、小杉半紙、小菊、甲州紙駿河延。「半切」是書卷狀信紙。「小菊」則是美濃自古開始生產的面紙，青樓的賞錢或茶道的鍋墊都使用這種紙。

■筆匠正在調整筆尖。後方的圖畫是一枝天平筆，也叫雀頭筆，據說是日本歷史最久的毛筆，適合用來抄寫佛經。《彩畫職人部類》

筆

筆匠

筆匠的工作是把狐毛、馬毛等按照動物身體的部位分類，分別製成毛筆，筆匠也叫做「筆結」。毛筆的著名產地除了以墨著稱的奈良之外，江戶後期的安藝國（廣島縣）製造的熊野筆也受到藩主讚賞，直到現在仍然繼續生產。

■筆墨販的擔子《守貞謾稿》

筆墨販

筆墨對庶民來說也是必需品。商家使用的筆墨通常由熟識的職人供貨，或由店裡的學徒出門採購。此外，筆墨販隨時都在街頭來回叫賣。江戶的筆墨販用木箱裝著商品，外面裹著深藍色棉布，然後把包袱背在肩上沿途叫賣。

■筆匠。從這位筆匠的穿著打扮看出，他製作的毛筆專供高官顯貴使用。《寶船桂帆柱》

墨、硯

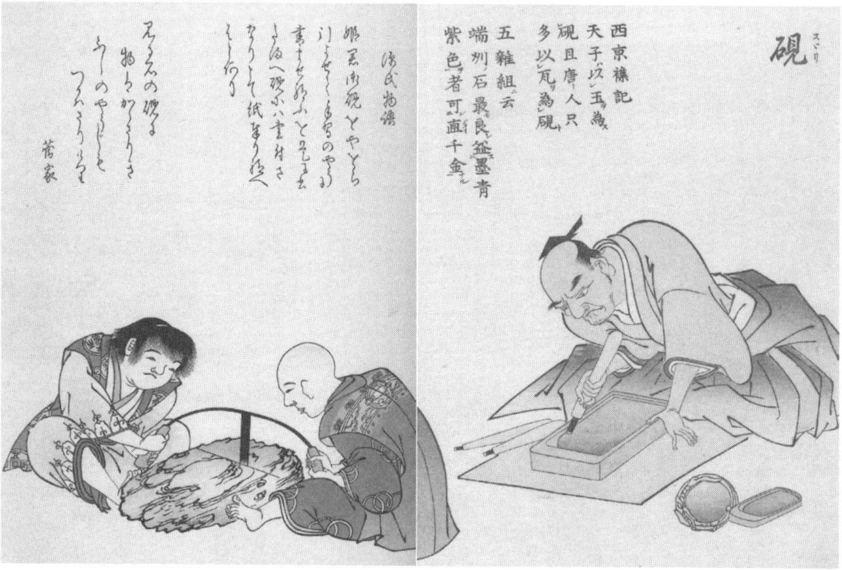

■硯匠用肩膀抵著鑿子雕刻硯台。據說長年從事這種工作的職人，肩上會被鑿柄戳得凹下一個洞。《彩畫職人部類》

硯匠

切割硯石製成硯台的職人叫做「硯匠」。硯石自古就以中國端溪的品質最佳。江戶時代的防州赤間關（下關）生產的硯台，以及甲州雨畑石製作的硯台，皆被視為上品。另外，近江生產大量的高島硯，行銷全國各地。

墨匠

墨是用煤灰混合墨膠製成。收集煤灰的方法有兩種：燃燒油脂（油煙墨）或燃燒松根（松煙墨）。硯跟墨一樣，以發源地中國的產品為高級品，凡是喜歡書畫的人似乎對硯與墨也情有獨鍾。日本的國產墨主要是在奈良，也是國產墨的發源地。江戶中期之後，全國各地都開始產墨。

■墨匠。墨匠把菜籽油或松根放在室內燃燒整夜，收集油煙，混入墨膠，製作成墨。《人倫訓蒙圖彙》

智者

身處太平盛世，必須懂得尊崇禮節，洞察萬事。天下大事有各行各業的專家學者負責裁斷；代表未來希望的孩童，則由寺子屋的老師負責傳授知識。

學者

據《人倫訓蒙圖彙》介紹，所謂的「學者」是指儒學家。孔子教導世人要遵守五種德行，也就是仁、義、理、智、信的「五常」。學者本身應該嚴格遵守這五種品德，也要教導世人遵守，並努力學習詩經與老莊之道。

■教師的種類繁多，醫學由醫學家教導，和歌由歌學家教導。《人倫訓蒙圖彙》

算者

據《人倫訓蒙圖彙》介紹，懂得算勘之術的人，即使不能親自上山下海，也能運用天地法則與數學掌握山上海裡的狀況。算者是精於算勘之人，從前沒有發明算盤之前，算者是利用算籌進行計算。

■算者把大福帳裡的數字撥進算盤《人倫訓蒙圖彙》

算盤修理匠

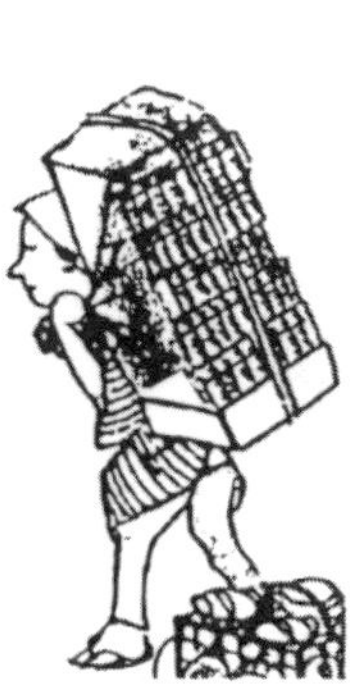

■算盤修理匠。算盤的木框壞了、串起算珠的小竹桿斷了等，算盤出現類似的毛病，就找算盤修理匠。《守貞謾稿》

學問

習字師父

所謂「習字師父」，是在自己家裡，教導孩童讀書、寫字的老師。文字是學習的基本工具，當時的教學法是由師父親自書寫字帖，讓學生照著字帖反覆練習，最後把文字記在腦中。

■習字師父向學童講解書法《諸職人物畫譜》

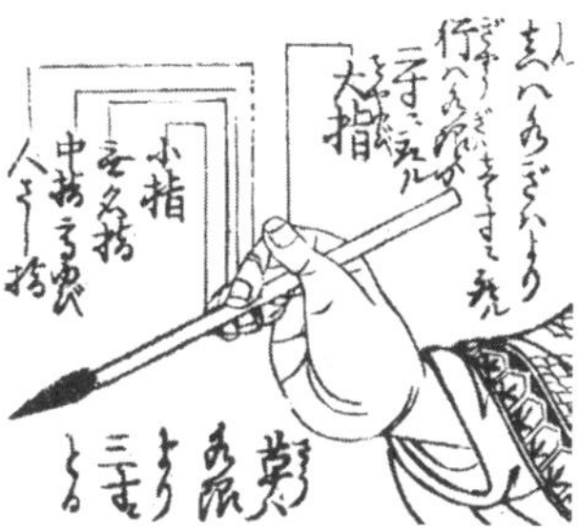

■《童子專用寺子調法記》裡記載了各種握筆法，譬如楷書、行書、草書等不同的字體，握筆的位置和手指的抓法也各不相同。

寺子屋

江戶時代的庶民不論長大以後在商店當雇工，或是立志成為職人，都必須先學會讀書、寫字、打算盤。寺子屋就是把這些技能教給孩童的街頭私塾，由僧侶、武士或浪人擔任教師。

實語教●寺子屋採用的教科書叫做《實語教》，又名《童子教》。書中用大字體漢字寫出詩句，譬如像「山高故不貴，以有樹為貴」之類的句子，旁邊加註讀音，學童經由這部教材習得漢文的基礎。

■寺子屋是為孩童設立的學校，圖中是寺子屋學習書法的情景。《童子專用寺子調法記》

占卜師

很久以前，每當國家做出重大決策時，就把龜甲放在火中燒烤，然後根據龜甲的裂紋占卜，這項儀式後來改用「竹筮」，也就是用「筮」，取代了「龜卜」。下圖的占卜師使用算籌占卜，叫做「算置」。另一方面，在山野修行的僧侶學過天文、易學，他們能根據掌紋算出事物的吉凶、疾病的輕重，或遺失物被弄丟的方向。

■路旁的占卜師使用算籌為人占卜《人倫訓蒙圖彙》

■一名知識分子正在翻閱古今書籍《人倫訓蒙圖彙》

知識分子

小笠原流●源賴朝的家臣小笠原長清制定了一套武士必習的弓馬術，並建立家族獨有的騎射禮儀做派，成為後世小笠原流的開山始祖。上圖是室町時代確立的各種禮節儀式。其中甚至連擤鼻涕的方法都有明確規定。

有職者

據《人倫訓蒙圖彙》說明，日本有茶道、花道、香道、劍道等各種「道」，每種「道」的世界都有獨特的禮儀規範。能夠明確簡潔地說明這些規範的人，叫做「有職者」。上至天子，下至百姓，日本從古至今制定過無數法令規定。各大名門家族也有各自傳承數代的傳統與做派。這些相關的法規紀錄都是國家重要財產。

■「小笠原流諸禮之式」圖中列舉行禮的方式、上茶的姿勢、屏風擺放的位置等，十分詳盡。《永代節用無盡藏》

諸禮者

日本從室町幕府第三代將軍義滿開始制定各種禮儀規定。這套規定後來稱為「小笠原家諸禮」，能夠熟記規定的人稱為「諸禮者」。「小笠原家諸禮」本來只是為武士制定的儀式禮法，後來也被一般庶民當成禮節做派的基礎。

■諸禮者正在傳授使用長刀的禮節《頭書增補訓蒙圖彙》

■鑑定師正在察看卷軸畫《人倫訓蒙圖彙》

鑑定師

能夠準確鑑定墨寶、古畫與各種古董器物真偽的人，叫做「鑑定師」，也叫做「古筆見」。日本的刀劍鑑定師當中，本阿彌家族從室町時代就享有盛名，譬如號稱寬永三大書法家的本阿彌光悅，就是著名刀劍鑑定師。

創作者

江戶時代的書畫與文學世界裡，曾經有許多創作者活躍一時。當時，貴族和庶民分別享受著不同的藝術創作成果，但隨著時代變遷，庶民為主要對象的文化逐漸開花結果。

繪師

江戶時代極受歡迎的繪師北齋和若冲，都是靠賣畫為生的町人。不過，他們這種町繪師的驚人才藝受到重視，是在江戶中後期。江戶初期出版的《人倫訓蒙圖彙》裡提到的繪師姓名，只有「狩野家、土佐家，俵屋流」。狩野家的數代子孫都是幕府雇用的御用繪師，土佐家則從室町時代前期就一直擔任宮廷繪師。唯有宗達經營的「俵屋」，是唯一雇用町繪師的繪畫工房。

■繪師正在繪製山水畫《狂歌倭人物初編》

■繪師。圖中的繪師似乎拿著圓規或是兩枝筆在畫圓圈。《繪本庭訓往來》

筆道者

「筆道者」就是書法家。據說晉朝的王羲之被尊為書法始祖，他在石頭上題字時，墨水滲入石中一寸左右。日本有所謂的「三筆」：嵯峨天皇、弘法大師、橘逸成。還有所謂的「三跡」：小野道風、藤原佐理、行成。都是有名的書法家，他們留下的手跡流傳後世，價值連城。

■右邊的人物是創造了楷書、行書，草書的中國書聖王羲之，左邊則是號稱「平安時代三跡」之一的書法家小野道風。《頭書增補訓蒙圖彙》

■筆道者向武士示範書法的寫法《人倫訓蒙圖彙》

經師

經師在奈良時代叫做寫經師，工作內容是抄寫經卷，平安時代以後，經師才開始改行從事裱褙書本的工作。據《人倫訓蒙圖彙》介紹，凡是使用紙類製造的物品，經師都能製作，譬如像各種經卷、卷軸、色紙、詩籤、薄紙、香囊，還有彩繪的紙張，奉獻給將軍的經卷等。江戶時代的經師負責裱裝書卷（卷軸）與書冊，同時也負責裱褙書畫。

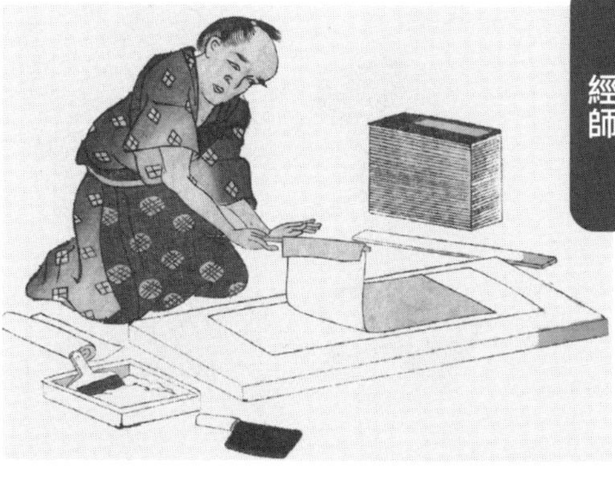
■經師把書畫作品貼在底紙上《今樣職人盡歌合》

書畫

■刻印師《人倫訓蒙圖彙》

刻印師

包括商業文書在內的各種文件，都要蓋章以示負責，所以印章是非常重要的東西。特別是字畫上面都蓋了作者雅號的印章，這種落款的印章也是鑑定字畫真偽的依據。印章的材料包括牛角、黃楊木與石材。

■下圖是《萬物雛形畫譜》裡收集的各種名人的印跡，其中包括織田信長、豐臣秀吉、武田信玄、弘法大師等，全都是歷史的著名人物，他們的印章都很雅緻。

印泥販

蓋印時必須使用印泥，印泥販的工作就是為客戶補充印泥。平時他們背一個大包袱在街頭遊走，包袱的布結打在胸前。江戶時代禁止庶民使用紅色印泥，一般人蓋印都是黑色。

■印泥販的客戶主要都是商家《守貞謾稿》

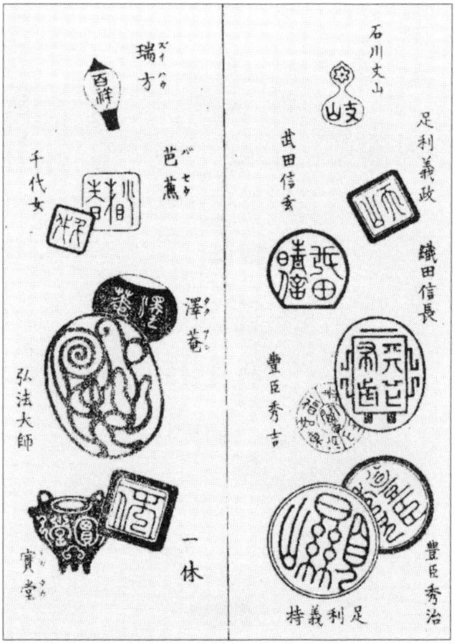

印譜●收集各種印跡編輯成書，叫做「印譜」。書中包括中國或日本的古印，以及篆刻大師的作品等。右圖雖不是印譜，卻令人聯想印譜的模樣。

詩人

國破山河在，城春草木深（杜甫的〈春望〉）。江戶時代一般人如果談到「詩」，通常是指「漢詩」。《人倫訓蒙圖彙》則把漢詩稱為「唐歌」，因為這種文體始創於唐朝。日本從事詩文創作的，都是儒學家。在漢詩草創時期，林羅山、新井白石等人大力推廣。文化文政年間則是日本詩文創作活動的鼎盛時期。當時沒有獲得公職的儒學家都經營私塾，除了教導學生認識漢字之外，也教學生作詩。

■右邊是唐朝詩人白居易，字樂天。左邊是宋朝詩人蘇軾，號東坡。《頭書增補訓蒙圖彙》

■僧侶正在鑑賞公卿的詩作《人倫訓蒙圖彙》

文學

歌人

在庶民眼裡，高雅的和歌描繪的世界十分遙遠。譬如《商賣往來繪字引》提到《古今和歌集》、《萬葉集》和其他的故事，那些故事人物對庶民來說，簡直就像活在雲端。不過三十一字（五七五七七）組成的和歌文體深受大眾喜愛，因為辭句幽默如狂歌，歌中來自日常的慨嘆又很像勸善歌。譬如下面這首詩的意境就很接近和歌：「忍字錦囊袋，整日掛脖上，破了就得縫，有洞就得補。」

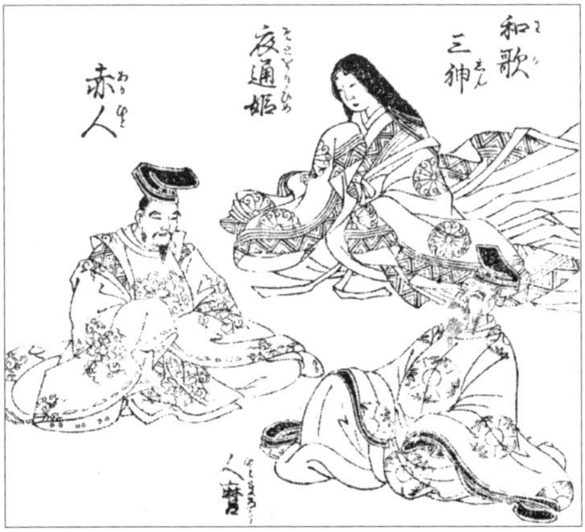

■對日本和歌貢獻頗多的三位歌人：衣通姬、山部赤人、柿本人麻呂。《頭書增補訓蒙圖彙》

■畫中的文字是俳句連歌，第一句是松尾芭蕉寫的：「樹下有湯有魚片，櫻花紛紛飄下來。」《永代節用無盡藏》

連歌師

■連歌詩講授連綴詩句的方法，從旁指導參加者增減字句。《人倫訓蒙圖彙》

眾人會集一堂時輪流吟詠詩句，下句必須連續上句，這種連體詩叫做「連歌」。連歌的種類很多，以第一句到最後一句的句數分類的話，大致可分為：百句、七十二句、歌仙、半歌等。「歌仙」這個名詞來自「三十六歌仙」，所以共有三十六句，分別寫在兩張懷紙上，第一頁正面六句、反面十二句、第二頁正面十二句、反面六句，總共三十六句。「七十二句」等於是兩首歌仙，「半歌」則是半首歌仙。室町時代的宗祇和里村紹巴是連歌鼎盛期的連歌師。

■俳諧師對懷紙上的詩句進行講評《人倫訓蒙圖彙》

俳諧師

江戶後期的散文集《嘻遊笑覽》指出，俳諧與連歌的關係，就像猿樂能劇與狂言。俳諧是一種輕鬆灑脫，或略帶滑稽氣氛的文學，俳諧師為聚集一堂的吟詠者進行評分，被稱為「點者」，也叫做「宗匠」。

■松尾芭蕉在江戶深川建立草庵，整日在其中吟詠俳句。由於他越過窗戶可以看到戶外的芭蕉樹，所以俳號叫做芭蕉。《江戶名所圖會》

戲作者

從江戶時代到明治維新，「戲作」這種文體的讀物大約前後持續了一百年。戲作可以寬政大改革為分界線，之前與之後的作者、故事內容、表現方式都有所改變。戲作者當中的著名職業作家包括：寫過《東海道中膝栗毛》的十返舍一九、寫過《浮世風呂》的式亭三馬，還有寫過《南總里見八犬傳》的瀧澤馬琴。

文藝

滑稽小說●一九與三馬的故事人物言談詼諧，令人發笑，後世把他們的系列作品歸類為滑稽小說。不過當時是把滑稽小說叫做「中本」。因為「中本」在當時是一種新書尺寸，比江戶前期流行的「小本」稍微大一些。「小本」的尺寸大約跟現代的文庫本一樣。

■式亭三馬在《戲場粹言幕外》裡生動描寫了江戶小劇場的情景。圖中是式亭三馬在自序裡的簽名蓋章。

■十返舍一九的《奧羽道中膝栗毛》序文標題的插畫

出版

文房四寶創造了許多知性的傑作與文學書籍，把這些成果印刷成書的過程叫做「出版」。江戶時代，負責雕版、印刷，成書、出售的地方是書店與繪草紙屋。

■書店門口掛著密密麻麻的布條，上面寫著貌似新書的書名。聚集在門口的顧客都是有小廝陪伴的武士或僧侶。《北齋道中畫譜》

書店

《人倫訓蒙圖彙》裡關於書店的部分寫道，從前書店印書是採用銅版，後來改用木雕活字，之後，不知從何時起，木雕活字變成木製雕版。也就是說，印刷是從銅版經過木雕活字的階段，最後變成木製雕版。江戶時代所謂的書店，是指專門販賣醫學、佛學等學術書籍的地方，而且當時書店的業務還包括印刷與販賣。

■為了讓顧客看清封面，書籍都豎著靠在書架上。《寶船桂帆柱》

雕師

把文字或圖畫的原稿雕刻在櫻木板上的職人，叫做「雕師」。有了雕版之後，各種印刷品才能大量生產，京坂江戶的版元（書店）才能財源廣進。活版印刷則是把木雕的活字一個一個撿出來，排成版面之後才開始印刷。但是日文的文字種類太多，活字排版的技術極為困難，反而是把版面刻在整塊木板上比較方便。

表紙匠

印製書本的過程中，先由雕師完成雕版，再交給刷師印刷，最後一道工序則是由表紙匠把印好的書頁裝訂成冊：先把書頁堆成一疊，封面和封底分別鋪在最上面和最下面，之後，由表紙匠用針線穿過書冊的右側，把整本書頁連綴起來。卷軸形的書卷也有封面，但裱褙書卷是經師的工作，表紙匠只負責裝訂書冊。

■原稿內容過於繁複，雕師不禁抱怨連天。《寶船桂帆柱》

書

■江戶後期出版的《日本山海名物圖會》的封面。寫著書名的紙條叫做「題箋」，通常貼在封面的左側。

■表紙匠。印好的書頁堆成一疊後進行裝訂，最後再把書口的多餘紙張裁掉。《人倫訓蒙圖彙》

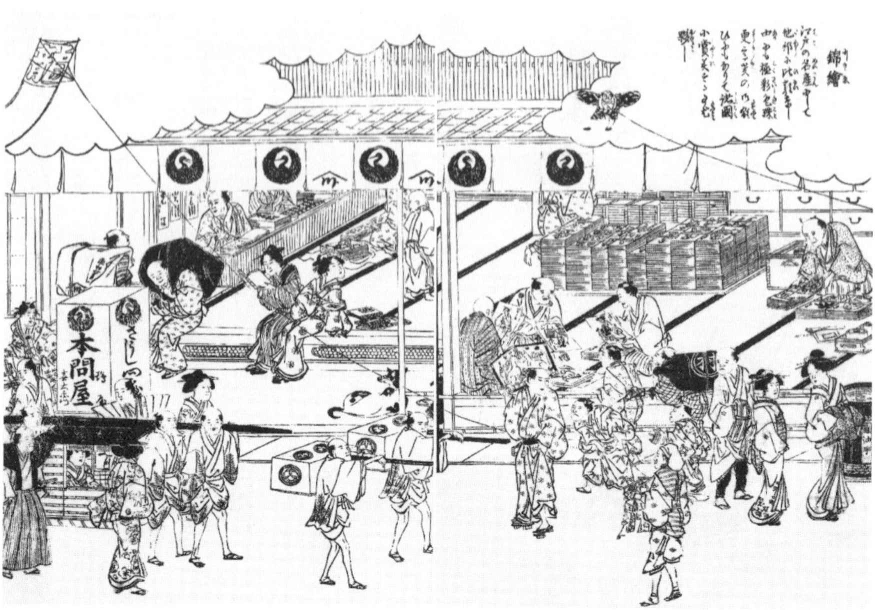

■店內堆滿繪草紙的繪草紙屋。町人的婦女正在門前翻閱。左邊那個背著大包袱正要出門的人，是租書販。《江戶名所圖會》

繪草紙屋

江戶時代的書店專門出售學術性書籍，繪草紙屋則出版與出售含有大量插畫的休閒讀物。當時的出版物是按照內容加以分類，所以《解體新書》跟膝栗毛系列作品絕不可能放在同一家書店出售。

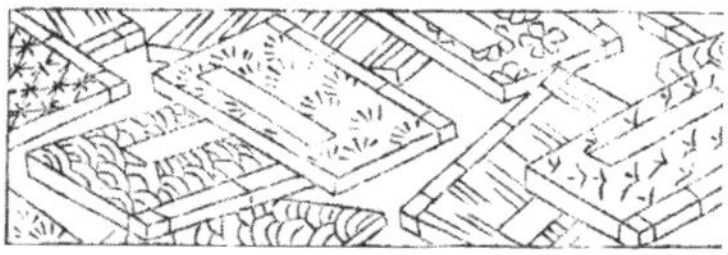

■繪草紙的封面圖案多采多姿，被稱為繪草紙文樣。《諸家地紋式》

■《江戶買物獨案內》的「ほ部」裡提到繪草紙屋，別名又叫做「地本問屋」，這一段提到許多有趣的商品，譬如像繪草紙、千代紙、錦繪、義太夫拔本（戲詞節錄）、風流繪半切（印著雅緻圖案的信紙）、繪本、點心袋等。圖中最左側的川口宇兵衛店裡還出售「落燕」（和果子名稱），名為雪白糕。

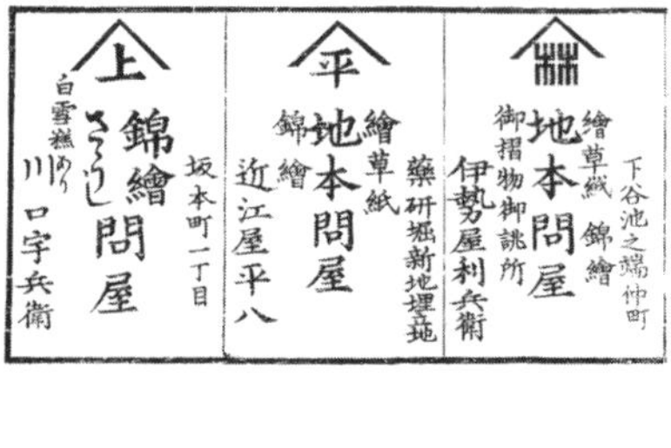

繪草紙

租書販

據《守貞謾稿》介紹，繪草紙屋販賣的書籍很少有人買回家收藏，大家都是租書來看，租書販背著像雜貨販的大包袱到熟客家中送書，租書方式為月租。

■租書販背著裝滿休閒讀物的大包袱為熟客送書《北齋畫譜》

讀賣人

「讀賣人」也叫「繪草紙販」，他們手捧單張印刷的繪草紙，一面用詼諧的語氣介紹內容，一面四處叫賣。

據《人倫訓蒙圖彙》介紹，每當社會發生奇聞怪事，或有人遭到禍事，讀賣人就毫無顧忌地把故事編成小曲或配上淨琉璃節拍，一面唱一面推銷繪草紙。

■讀賣人頭戴大型覆面斗笠，兩人一組，很有節奏地邊唱邊賣報紙。《今樣職人盡歌合》

瓦版●瓦版是類似號外的出版物，現代發生重大事件時，報社就會立即出版號外，江戶時代發生火災或殉情事件時，就有小販拿著附帶插畫的海報在街頭叫賣。直到江戶後期為止，大家都稱這些小販為「讀賣人」或「繪草紙販」。

■兩人一組的讀賣人，一人手拿摺扇打拍子，另一人高舉繪草紙叫賣。《人倫訓蒙圖彙》

江戶豆知識

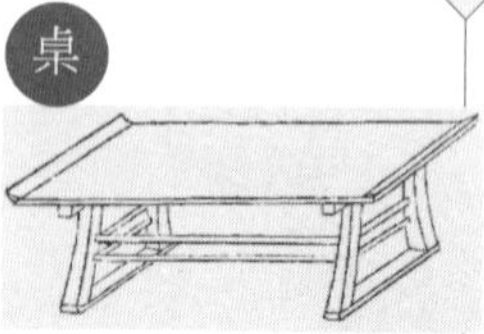

■正在學習的小和尚。圖中文字寫道：一天記住一字，十天就是「十字」，努力學習吧，小徒弟。「十字」的日文發音「じゅうじ」跟「住持」的發音一樣。「住持」即是「住職」，也就是廟中地位最高的和尚。《鄙都言種》

●色紙

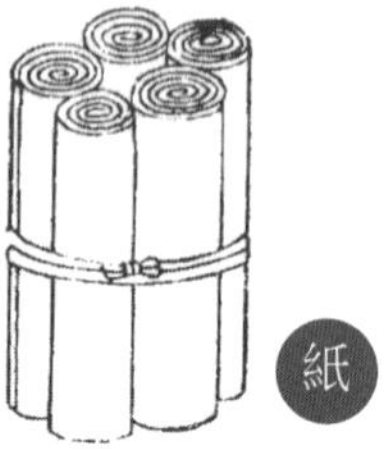

■色紙是用來書寫詩畫的方形硬紙。每年七夕那天，正在習字的孩童都用色紙寫幾個字，展示一下學習的成果。

●掛軸

●印章

【培養知性的江戶文具】

書畫大師離不開文具，商家員工為了記錄每天的生意狀況，也不能沒有文具。庶民寫信時必須使用文具，有時甚至還要用文具書寫離婚休書之類的正式文件。江戶時代有一種隨身攜帶的文具盒，叫做「矢立」，裡面裝著最起碼的文具：筆和墨。有了這種文具盒，就像現代人有了電話一樣，非常方便。不過，江戶時代的文具種類豐富，並非只有筆墨而已。江戶初期出版的繪圖百科事典《頭書增補訓蒙圖彙》裡就以文房四寶的筆墨紙硯為主，介紹了當時各種知性道具。

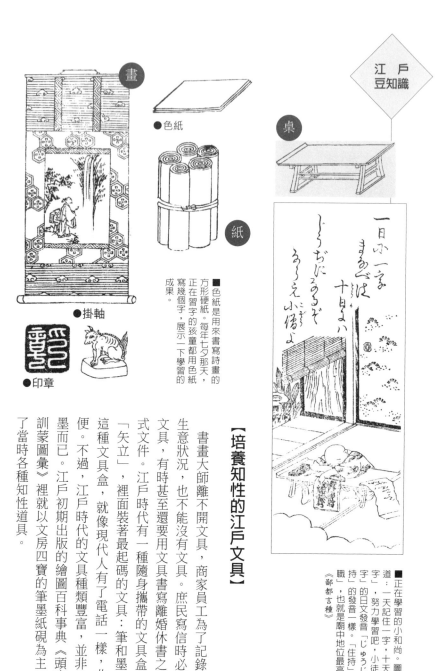

＊這一頁的圖片全部刊載於《頭書增補訓蒙圖彙》

書

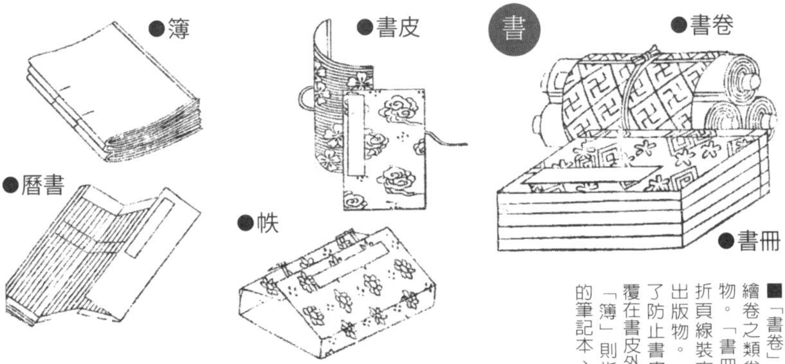

■「書卷」是指佛經、繪卷之類卷軸型出版物。「書冊」則是以折頁線裝方式裝訂的出版物。「帙」是為了防止書皮受損而包覆在書皮外面的布套。「簿」則指用來記事的筆記本、帳簿。

硯

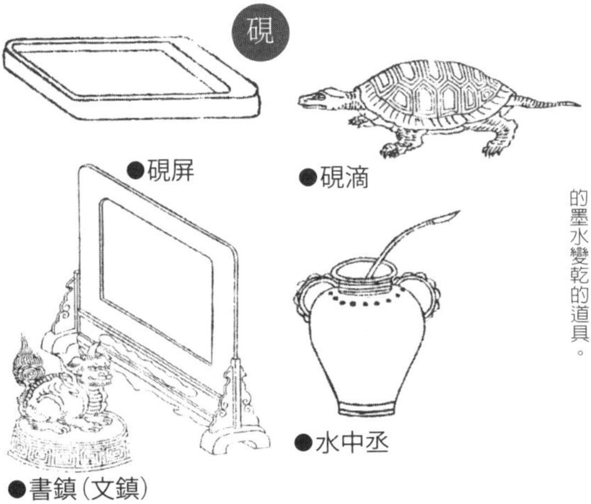

筆

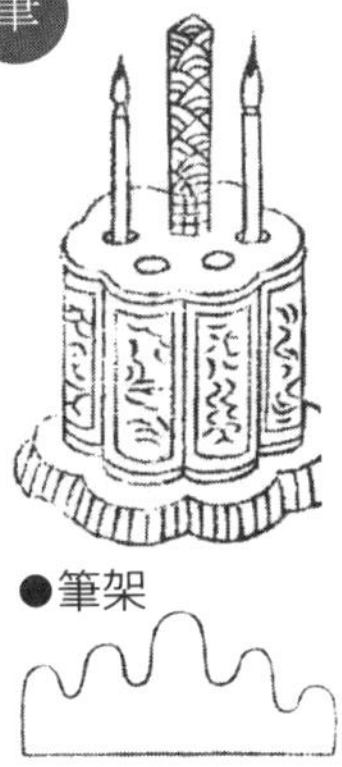

■筆架用來放置毛筆，也叫筆山、筆峰。硯滴和水中丞都是為硯台裝水的道具。硯屏則是防止硯裡的墨水變乾的道具。

墨

■矢立。出門在外時也能寫字記事的攜帶型文具。《商賣往來繪字引》

算

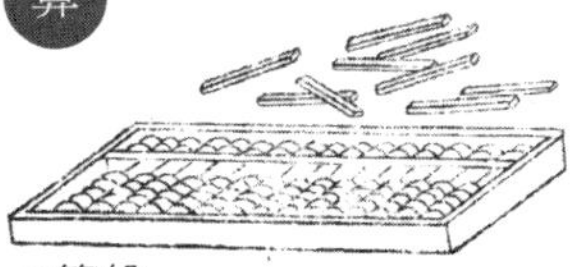

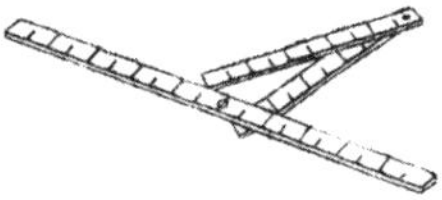

■算籌、算盤都是中國傳來的計算道具，算盤在江戶時代已經普及全國。到商家當雇工的孩子從小就開始學習算帳。

第四章・玩樂

孩童的遊戲，成人的娛樂

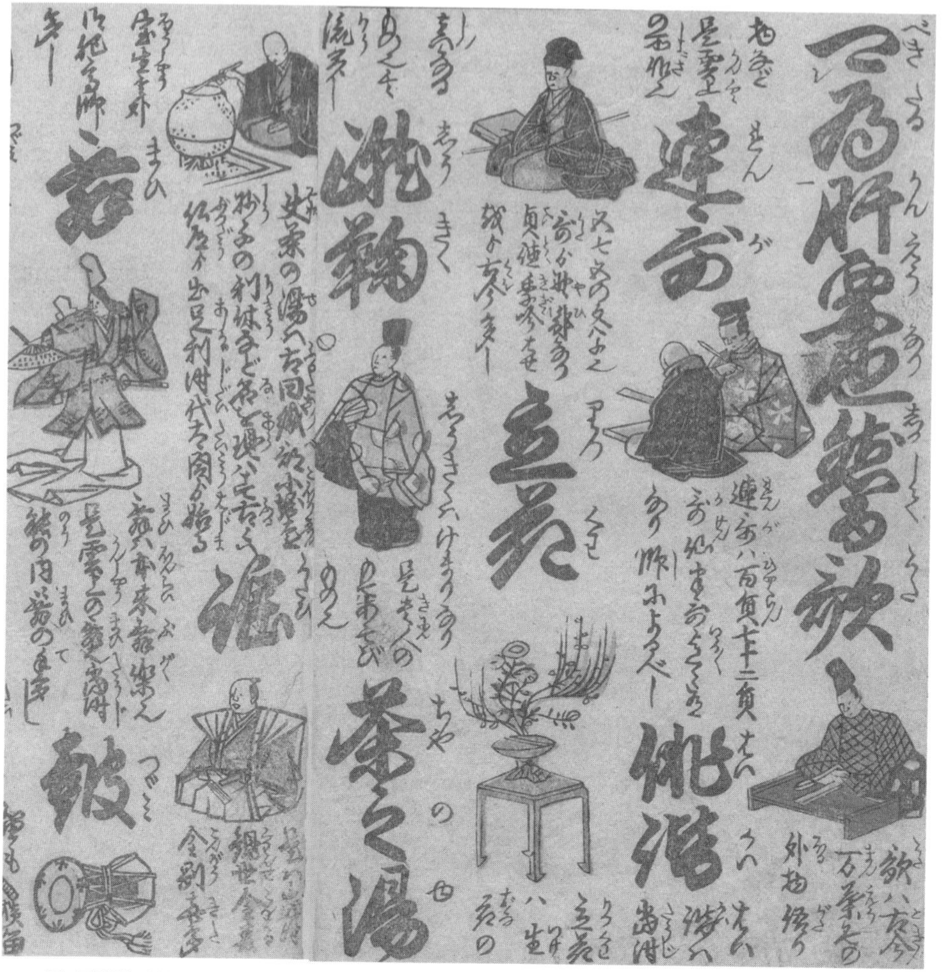

■《商賣往來繪字引》指出，習字、算術雖然重要，各種技藝與酒宴中的表演也得拿得出手。所以這本書的結尾部分，以插畫方式介紹一些優雅的遊戲，以及圍棋、象棋的玩法。

遊戲

玩具 ◇歌留多師◇玩具雜貨店◇玩具販◇捏麵師◇羽子板匠◇笛子販◇水槍販◇海酸漿販◇肥皂泡販

人形 ◇人形師◇服裝人形師◇雛師◇張子師

動物 ◇金魚販◇小雜魚販◇鳥店◇蟲販

娛樂

紅燈區

勝負 ◇棋盤匠◇圍棋◇象棋◇雙六◇骰子匠◇楊弓師◇楊弓場

樂曲 ◇三弦師◇三弦販◇琴師◇樂曲師父◇太鼓販

風雅 ◇聞香競賽◇香具店◇茶道◇茶師◇挽茶店◇茶杓師

◇茶罐袋師◇立花◇投入◇下草屋◇花店

青樓 ◇妓院◇牛太郎◇揚屋◇茶屋◇水茶屋◇置屋◇幫間◇藝妓

妓女 ◇傾城◇花魁◇太夫◇格子◇夜鷹◇舟饅頭◇宿場女郎◇野郎

玩樂

手腦並用，江戶時代的孩童遊戲與成人娛樂

「人生在世且玩樂？嘻笑遊戲度一生？耳聽童稚歡笑聲，不覺手舞又足蹈。」

（選自《梁塵祕抄》）

這是一首廣為人知的古代流行歌謠，也是平安末期的貴族喜愛傳唱的「今樣歌」。像我這種才疏學淺之人，雖不懂歌詞的深奧含義，卻也能深切體會耳聽孩童歡笑，身體不自覺地開始舞動的感覺。或許這也是歌謠作者自己不曾享受過的夢想吧。總之，遊戲時，我們發出聲音，感受觸摸的愉悅，身體不斷活動，嘴裡發出歡呼，眼、耳、手都感到興奮刺激。孩童的遊戲是成人娛樂的起點。

不論任何時代，只要生而為人，度過悠閒的童年後，就得動手賺錢餬口。江戶時代的孩童大約到了十歲，就得告別遊戲。之後，當農民的必須辛勤耕作，當職人的也得專心習技，經過十年努力付出，才能獨當一面，受雇幹活。商人跟農民、職人一樣，年輕時勤奮工作，年老退休之後才開始學習各種技藝。這就是江戶時代的生活方式。

■正月的時令景象，放風箏和打羽子板。《江戶大節用海內藏》

●功成名就之後的享樂 繼孩童遊戲之後，我還會介紹成人的「娛樂」。所謂的「娛樂」，主要是以高雅技藝為主，而不是號稱男人本性三部曲的「喝、嫖、賭」。江戶時代有一本書叫做《商賣往來繪字引》，書中用插圖與文字列舉各類立志從商者必須具備的知識。從平日做生意所需的道具，到米、味噌、醬油、紡織品的種類、各種動植物等，書中列出範圍廣泛的圖文解說，並在結尾提出從商須知。文中還指出，萬事皆以家業興盛為先，譬如像短歌、連歌、俳句、插花、

■平安時代的妓女只在客人面前表演歌舞，當時流行白拍舞，所以妓女也叫「白拍子」。不過當時的妓女也會演唱流行歌曲。《早引漫畫》

蹴鞠、茶道、歌謠、舞蹈、鼓、大鼓、笛子、琵琶、古琴、能、香道等各種技藝，必須在家業有了餘裕之後才能投身其中。商人在自己的本行做出一番成績之前，不可涉足上述各種技藝娛樂。古典落語故事〈茶湯〉、〈笠碁〉裡描述的娛樂活動，彷彿就像夢境一般美妙，但事實上，那些整日沉溺於休閒娛樂的故事主角，全都是功成名就的退休大老闆。

●身懷技藝多助益　上述各種技藝不僅廣受退休老闆青睞，同時也可成為一般女性的嫁妝。少女如果想進將軍府或大名宅第當侍女，只要學好將軍或大名喜愛的技藝，就能掌握擊敗其他侍女的武器。特別是古箏和三弦，可說是江戶女性必學的藝能，幾乎每位母親都逼著女兒去學，因為女孩若是身懷高超的技藝進入武家服務，肯定就能遇到一段良緣。

●紅燈區，「嫖」的世界　江戶時代，全國各地分別設立了幕府特許的紅燈區。京坂地區的青樓原本分散各地，後來集中在特定地區，又經過數次搬遷後，搬到京都的島原和大坂的新町。至於新興都市江戶的紅燈區，最先設在日本橋的吉原，後來搬到郊外，持續經營了很長一段時間。儘管東日本和西日本的青樓遊戲規則和妓女排名方式各不同，但皮肉買賣的本質不論在哪兒都一樣。三大都市的青樓都是提供男客短暫夢想的交易場所，其中也不乏避過幕府嚴查的非法店家或嫖客。

眾所周知，玩樂沒有年齡限制，也不能幫我們賺錢餬口，但在日常生活裡，玩樂卻能為我們排憂解煩，帶來心靈慰藉。

遊戲

玩具在古代叫做「玩賞之物」，江戶時代叫做「玩物」，之後改稱為「玩具」。這一章裡，我要向讀者介紹一些連大人都覺得有趣的孩童玩具。

玩具

■製作歌留多牌的方法，是先在一張大紙上畫好一張一張的紙牌，然後分切為許多小塊。牌上的色彩只有藍紅兩種。左圖的歌留多師正在塗紅色。《彩畫職人部類》

歌留多師

歌留多的日文是「かるた」，漢字寫為「骨牌」。據《守貞謾稿》介紹，歌留多原是荷蘭人的遊戲道具，寬永年間，長崎居民開始模仿荷蘭人玩這種紙牌。當時大家玩的歌留多紙牌是葡萄牙人在戰國時代傳入日本的「天正歌留多」，總共有四十八張，分為四種花樣，每種花樣各十二張。受到這種紙牌的影響，日本在江戶初期又陸續發明了許多本國特有的歌留多，其中包括歌牌（百人一首）、伊呂波牌、花牌（花札）等。

■據說很多製作歌牌的歌留多師住在京都寺町通二条，製作四十八張天正歌留多的職人則都住在五条通。《人倫訓蒙圖彙》

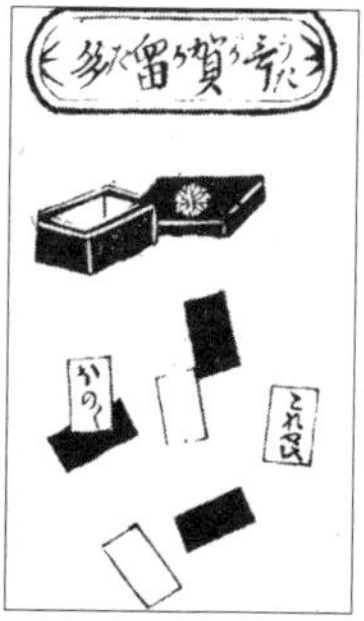

■據說歌牌原本是把和歌與圖畫寫在文蛤的殼內，把兩片貝殼合起來玩。後來改用紙張代替貝殼，歌牌就變成了紙牌遊戲，跟現代的歌牌一樣。《女用訓蒙圖彙》

玩具販

「玩具」這個名詞是從「玩物」而來，意即「可供玩賞的道具」。玩具販的商品包括紙蝴蝶、風車、花簪等，他們扛著竹竿，頂端用稻草層層包住，各式各樣的小玩具就插在稻草裡面。這種展示商品的道具叫做「弁慶」。

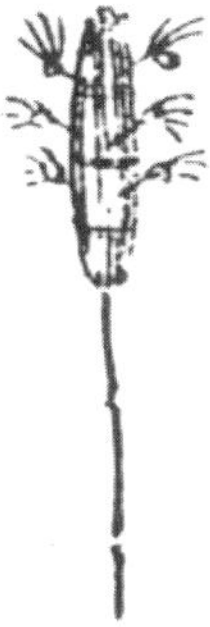

■插滿花簪的「弁慶」。因為外型貌似戲台上背著七種武器的弁慶，因而得名。《守貞謾稿》

玩具雜貨店

「玩賞」的漢字也可寫為「持遊」，就是「用手拿著玩賞」之意。譬如像是人形、波浪鼓、陀螺等，都是用手拿著玩賞。江戶時代，這些玩具分別由工匠自行設計，然後利用紙張或木片製成，放在店裡出售。

■孩童站在玩具雜貨店門口選購人形《人倫訓蒙圖彙》

■各種玩具構成的文樣，圖中可看到波浪鼓、大將指揮扇等。《諸家地紋式》

水槍販

水槍也叫噴水筒。每當戶外颳起大風，貌似容易發生火災的天氣，街頭就能看到水槍販四處叫賣。他們總是在商店林立的大街兜售，或許因為商店街的熟客較多吧。

■與其說水槍是玩具，其實更像消防用具。水槍販背著一堆水槍兜攬生意。《守貞謾稿》

捏麵師

捏麵師把蒸熟的米粉加入顏料，捏成動物、花草等模型，並黏在邊長約一、二寸的方形木板上。這類成品主要是廟會上賣給孩子的玩具，孩子也不會放在嘴裡吃掉。

■捏麵師根據孩子的要求用米粉捏出成品《守貞謾稿》

笛子販

波浪鼓、笙、笛之類會發出聲音的玩具，永遠都是孩童的最愛。圖中的笛子販背著伊勢土產的笙、笛、哨子沿街叫賣。原圖的小販身邊還畫了手舞足蹈的孩童。笛子販當中還有鴿笛，是江戶今戶燒製的土器。

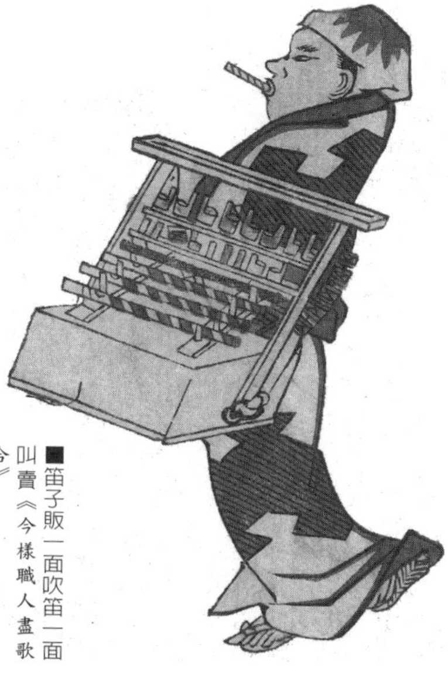

■笛子販一面吹笛一面叫賣《今樣職人盡歌合》

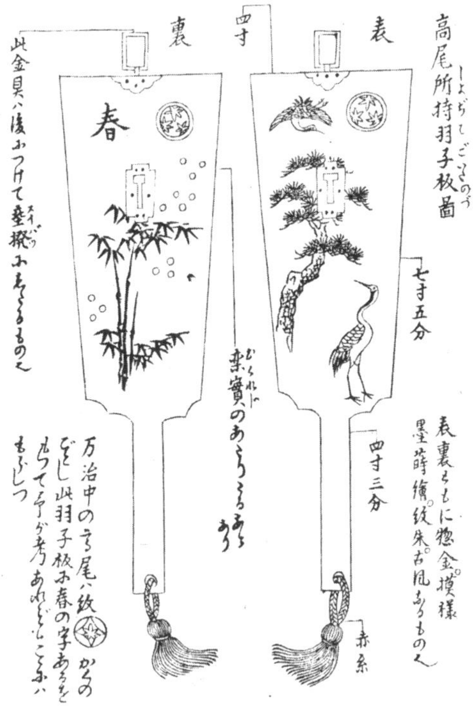

■傳說中的吉原名妓高尾太夫的羽子板《近世奇蹟考》

羽子板匠

據《人倫訓蒙圖彙》記載，羽子板匠除了會做羽子板之外，也會做振振車、太鼓、造花、菖蒲刀等男女兒童的玩具。羽子板最初只是把歌舞伎演員的大頭畫貼在梧桐木板上，江戶後期之後，有貼畫裝飾的羽子板開始在京坂江戶等地掀起流行。

■羽子板店。貨架上除了羽子板之外，旁邊還擺著玩具「振振車」。《人倫訓蒙圖彙》

玩具

振振車● 一種貌似木槌的玩具，削成八角形的木頭兩側裝上車輪。孩童可以用手拖著邊走邊玩，也叫做「振振毬杖」。

■打羽子板，是正月的節令景象。《女遊學操鑑》

■右邊是京坂的肥皂泡販，中央是江戶賣肥皂泡的小販，左邊是海酸漿販。《守貞謾稿》

海酸漿販

海酸漿是長在海底岩石上的海藻，也是孩童的玩具，尤其是女孩特別喜歡玩這東西。有的海酸漿是白色的，也有用蘇芳紅染成紅色的，玩法跟酸漿果一樣，含在嘴裡吹吹吸吸，就會發出聲音。

肥皂泡販

三大都市的肥皂泡販都是夏季才在街頭叫賣。大坂市內舉辦氏神祭的時候，會有專門以孩童為對象的小販來做生意。肥皂在當時叫做SABON。用來吹泡泡的肥皂水是用肥皂粉做的。先把粉末溶在水裡，再用細管沾一點，就能吹出肥皂泡泡。京坂的小販叫賣時高聲喊著：「吹泡泡，肥皂泡，一吹吹出五彩泡。」江戶的小販則嚷道：「泡泡喔泡泡喔。」

風箏店

據《守貞謾稿》介紹，風箏在江戶叫做「凧」，日文發音「たこ」，跟「章魚」的發音一樣。京坂居民則把風箏叫做「紙鳶」，日文發音「いかのぼり」，聽起來很像「魷魚升起來」，所以大家有時簡稱為「魷魚」。但不論是章魚還是魷魚，都是墨守成規的方形風箏。此外，全國各地也有當地流行的變形風箏，譬如江戶的「奴凧」，就是一種T形風箏，表面畫著武士跟班的人像。

■紙鳶《頭書增補訓蒙圖彙》

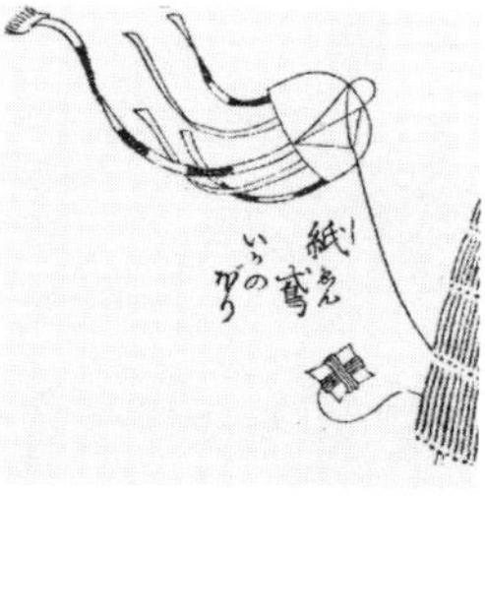

■江戶的風箏店到了冬天才會把看板掛出來。看板章魚的腳做得特別長，幾乎跟一個男人的身高一樣。《守貞謾稿》

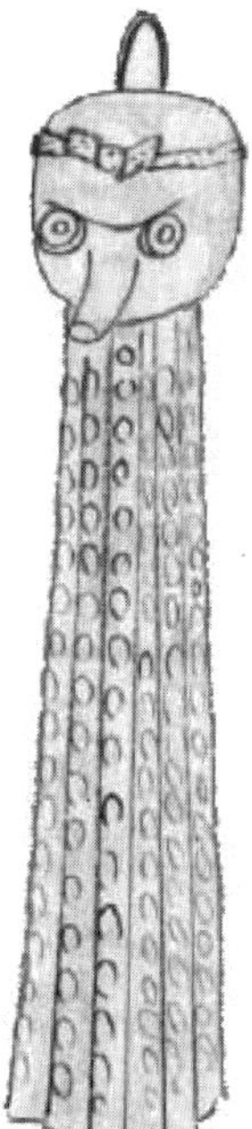

人形

■人形師正在製作玩偶的腦袋《今樣職人盡歌合》

人形師

叫做「人形」的玩具有很多種，材料、製法各不相同。據《人倫訓蒙圖彙》說明：「人形師製作各種人形，譬如小型的叫做芥子人形，另外還有牽線人形、手指人形、紙塑人形等。」芥子人形因為小得像芥菜子而得名，其實就是豆人形。紙塑人形就是紙糊人形，也叫「張子」。

■人形店。畫中文字寫著：「武士人形賺大錢」。《寶船桂帆柱》

■台上有個發條人形，動作和做派都不輸給真人演員。左邊是主辦公演的老闆，正在發表開場白。《傳說》

人形

■服裝人形師《人倫訓蒙圖彙》

服裝人形師

據《人倫訓蒙圖彙》說明，服裝人形師是利用各種布料製作貼畫的職人。貼畫也叫「押繪」，是一種平面作品，每個部分採用不同的布料，像製作剪紙畫一樣拼貼而成。羽子板和雛人形也是這樣拼貼製成的。

張子師

紙糊小狗、紙糊香盒之類手工藝品總稱為「張子」，製作這類玩具的職人，日文叫做「張子師」。據《貞丈雜記》說明，掛在宮殿門口的翠簾被拉起時，門口的狛犬人形具有重要功能，一是預防感冒，二是驅邪避凶。紙糊小狗也具有相同的功能，嬰兒出生後，紙糊小狗放在身邊可起到保護的作用，防止妖魔鬼怪上身。

■張子師《人倫訓蒙圖彙》

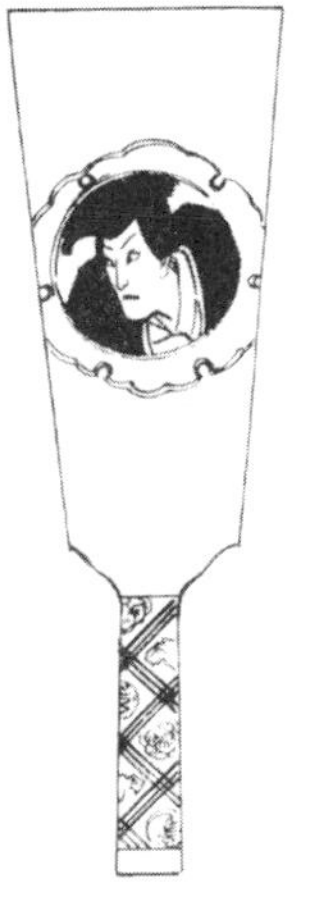

■第八代團十郎的粉絲眾多，所以他的大頭畫被做成貼畫羽子板。《守貞謾稿》

貼畫●貼畫的布料下面塞入棉花，看起來很有立體感。江戶初期的製法一直沿用至今，每年在淺草的淺草寺舉辦羽子板市出售的成品，都是按照江戶時代的製法做成的。

■紙糊小狗象徵對幼兒平安成長的期待《女用訓蒙圖彙》

■日本橋的十軒店雛市，除了人形之外，還出售雛人形的周邊道具。每年二月底開市。《江戶名所圖會》

雛師

據《人倫訓蒙圖彙》記載，雛師製作的成品包括畫在紙卡上的平面「繪雛」，以及身穿禮服的「裝束雛」，此外，雛師也把做好的人形腦袋賣給雛人形店，再由店家配上服裝等其他小物後放在店裡出售。「裝束雛」是身穿禮服的貴族男女雛人形，譬如江戶中期的享保雛就是典型的裝束雛。

■雛師正在製作內裡雛人形（以天皇與皇后為模型的人偶）《人倫訓蒙圖彙》

雛市●二月二十五日至三月四、五日之間，雛人形商人在江戶的十軒店、麴町等平時不賣雛人形的地區借地舉辦市集。商販在大街中央搭起兩列攤位做生意。京都的雛市開在四条通，大坂的雛市開在御堂筋。

■雛人形的道具種類繁多，譬如像屏風、三方盤等，甚至還有駕籠。《女用訓蒙圖彙》

■江戶的金魚販。京坂的金魚販則把柳條箱擺在木桶上，裝成外地人來做生意的模樣。《今樣職人盡歌合》

金魚販

金魚販只有夏季出來做生意。「金魚喔，金魚喔～」小販一面叫賣一面在街頭遊走。據《守貞謾稿》記載，有一種叫做「蘭蟲」的金魚，圓肚大尾，永遠都把腦袋朝下在水裡游來游去。或許因為魚身像個圓球，所以江戶居民都叫它「丸子」，身價高的丸子甚至三至五兩金幣才能買到。當時在江戶租一間最小的長屋，一年也只花費一兩金幣。

■孩童跟金魚一起玩耍，忘了酷熱。《江戶大節用海內藏》

小雜魚販

小販用木桶挑著各種小雜魚，一面喊著「談義坊」一面沿街叫賣。據《人倫訓蒙圖彙》介紹，京都居民不論老少，都喜歡買些小雜魚養在水缸或水池裡當作消遣娛樂。「談義坊」就是青鱂魚。

■小雜魚販《人倫訓蒙圖彙》

蟲販

蟲販在路邊擺攤做生意，攤子的外觀跟夜鷹蕎麥麵的攤子很像，但是蟲販不像蕎麥麵販那樣到處移動，而是從頭到尾停留在一處。攤位頂棚掛著許多做工精巧的蟲籠。各種蟲類當中以螢火蟲的銷路最好，其他還有蟋蟀、松蟲、鈴蟲、紡織娘、金花蟲、夜蟬等，都是供人欣賞鳴聲的昆蟲。

■蟲販的攤子《今樣職人盡歌合》

鳥店

專賣各種寵物鳥的商店。據《人倫訓蒙圖彙》介紹，鳥店除了出售樹鶯、鶺鴒之類會發出鳴聲的鳥類外，有些鳥店還負責教鳥鳴唱。寵物鳥是為了供人玩賞才飼養的鳥類，當時最受歡迎的寵物鳥是會學人說話的鸚鵡。

■鳥店《人倫訓蒙圖彙》

■毛色美麗的鸚鵡。下圖是麻雀。《頭書增補訓蒙圖彙》

娛樂

經營商店的人都知道，萬事以家業為重，等到事業有成，行有餘力，才可涉足娛樂技藝。所謂娛樂，就是從文娛活動中獲得樂趣。現在就讓我從圍棋、象棋開始，向讀者介紹跟成人娛樂有關的各種職業。

勝負

■圍棋在古代是僧侶與貴族的消遣娛樂，當時也很流行在棋賽時下注賭博。《頭書增補訓蒙圖彙》

■棋盤匠用漆料描線《今樣職人盡歌合》

棋盤匠

圍棋的棋盤上縱橫各有十九條直線，總共構成三百六十一個方格。棋盤匠的工作就是用刮刀沾上漆料，畫出間隔相等的直線。圖中的職人用尺把預定的部分分成四等分，旁邊的盤裡裝著漆料。

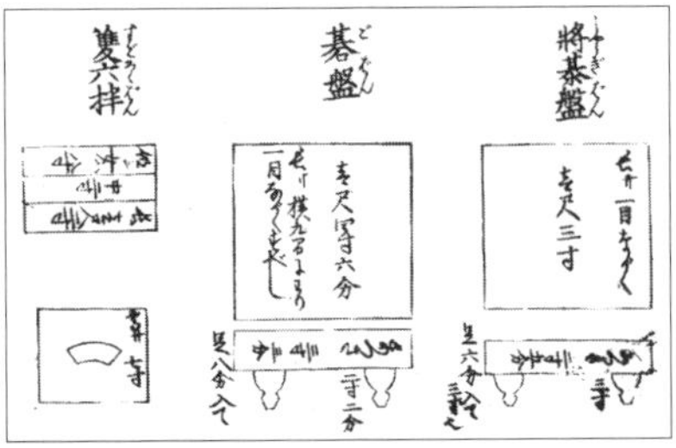

■象棋、圍棋與雙六的棋盤尺寸圖《大工雛形》

圍棋

據《人倫訓蒙圖彙》介紹，圍棋是由周公旦發明的，後來吉備真備從中國回國時，把圍棋帶回了日本。《人倫訓蒙圖彙》出版時（元祿年間），日本的「棋所」是寂光寺的僧人本因坊。「棋所」是幕府聘請的圍棋界領袖。

■圍棋由吉備公（吉備真備）從唐朝帶回日本，象棋相傳是由司馬光發明的。《商賣往來繪字引》

象棋

象棋從戰國時代就深受武將喜愛，後來到了江戶時代，象棋跟圍棋一樣，是武士最喜歡的遊戲。當時的大橋、伊藤兩家受幕府聘請，由兩家的家長世襲「名人」頭銜，每年在將軍面前舉辦一次棋賽，名字叫做「御城象棋」。

骰子匠

《人倫訓蒙圖彙》指出，玩雙六棋需要用到骰子，專門製作骰子的職人叫做「骰子匠」，骰子匠並不聚居在一個地方，而四分住在各處。雙六分兩種：大人玩的「盤雙六」和孩童玩的「繪雙六」。「盤雙六」是從奈良時代流傳下來的玩具，參加者擲出兩顆骰子之後，按照擲出的數字移動棋子，步步逼向敵營。但是盤雙六到了江戶時代，就沒人玩了。「繪雙六」分為很多種類，其中包括「道中雙六」在內，都是充滿雅趣的玩具，深受大眾喜愛。

■骰子匠《人倫訓蒙圖彙》

■江戶初期流行的盤雙六和「賽」。「賽」即是骰子的日文。《頭書增補訓蒙圖彙》

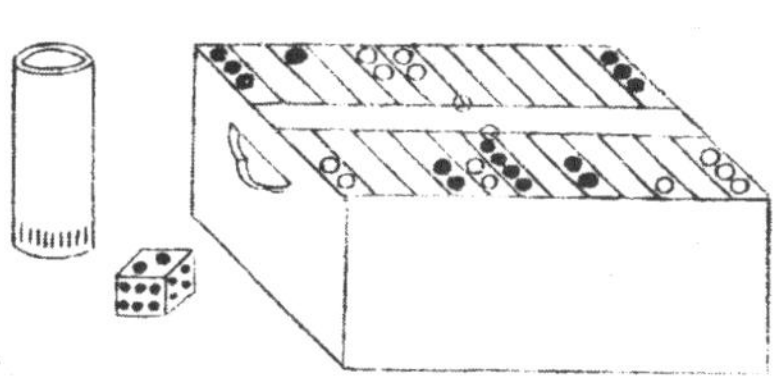

楊弓師

楊弓是小型的玩具弓，目的並不是用來射人。據說唐玄宗時就已經有這種迷你弓，深得楊貴妃的喜愛。弓柄使用高聳入雲的楊枝製成，可能當時還沒有枝梢低垂的楊柳吧。江戶時代的楊弓採用篠竹製成，叫做「雀小弓」，專供孩童玩耍之用。

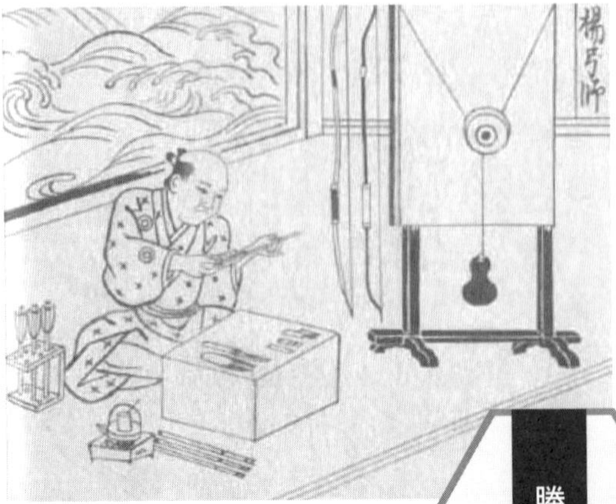

■楊弓師。據說有的楊弓師也擅長做箭。《人倫訓蒙圖彙》

勝負

楊弓場

「楊弓場」是京坂的叫法，江戶則叫做「矢場」。使用楊弓進行的競技叫做「結改」，兩人一組，每次可射兩百支箭。除了這種正式賽場之外，繁華鬧市還有類似遊樂場的楊弓場，也很受歡迎。顧客每次可射十支箭，如果射中箭靶，就能獲得獎品。楊弓場會雇年輕女孩來撿箭，很多顧客其實是為了那些女孩才來射箭。

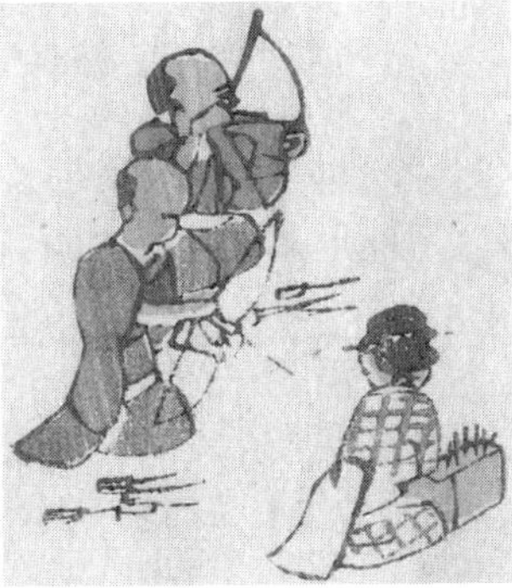

■楊弓場是男性的娛樂場所《諸職人物畫譜》

■右邊是京坂的楊弓場使用的箭，左邊是江戶的箭。《守貞謾稿》

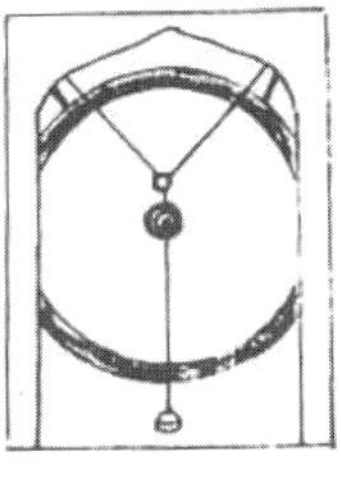

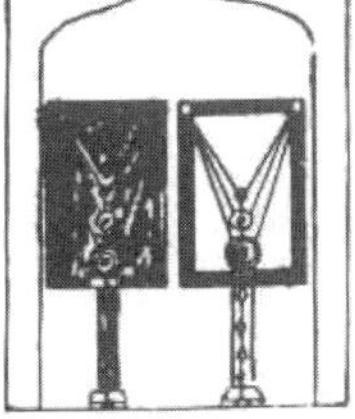

■上圖是京坂的箭靶，左圖是江戶的箭靶。《守貞謾稿》

樂曲

三弦師

三弦的起源據說始於中國元代。據《頭書增補訓蒙圖彙》記載，三弦原是琉球國的樂器，到了江戶中期，全國各地都流行彈奏三弦。三弦的琴身貼著蛇皮，日本人後來改用貓皮、狗皮代替蛇皮，這種新樂器就是現在的日式三味線。

■三弦師檢查琴杆的做工《今樣職人盡歌合》

三弦販

三弦販手裡抓一把三弦，一面彈撥一面叫賣。小販身上背一個糊著油紙的竹籃，裡面裝了幾把三弦。販賣新三弦的同時小販也收購舊三弦，顧客手中就算沒有舊三弦，也可以購買新品或二手貨。

■右邊的女人彈著三弦，左邊的女人用琴弓拉奏的樂器是胡琴，體積比三弦小一點。《頭書增補訓蒙圖彙》

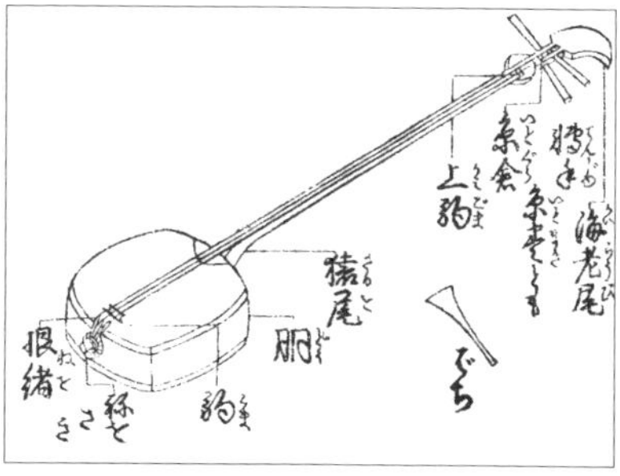

■三味線。據說戰國時代有個彈琵琶的盲僧，他到琉球時用過當地的樂器，後來等到他返回京都，便照樣做了一個，這就是後來的三味線。《女遊學操鑑》

琴師

據《人倫訓蒙圖彙》記載，「琴」是中國上古神話裡的帝王伏羲創造，共有二十五弦，更大的琴有五十弦，叫做「瑟」。今人彈奏的十三弦琴，叫做「筑紫琴」。雖然也稱為「琴」，其實應該叫做「箏」才對。

■琴師製作琵琶、琴和三味線《人倫訓蒙圖彙》

樂曲師父

樂曲師父開班收徒，親自傳授三味線、長唄、淨琉璃等相關技藝。落語裡有個故事曾提到一位樂曲師父，藝能造詣極佳，許多男人慕名而來，都想當他的學生。另一方面，江戶時代的女性也很流行學習樂曲技藝。據《守貞謾稿》記載，這種學習藝能的習俗始於江戶中期，女孩年滿七、八歲，父母就開始物色師父，等到女兒學會一門技藝，就送到武士家去當女僕。

■師父陪著學生練習三味線
《神事行燈》

■琴師。右圖裡的文字寫道：「今人彈奏的十三弦琴叫做箏」，圖中的「箏」字旁邊加註的假名寫道：「弦樂器的箏」。當時文章裡提到中國的七弦琴，則加註假名寫道：「弦樂器的琴」。事實上，平安時代的箏與琴經常分不清，會根據實際情況變換。《彩畫職人部類》

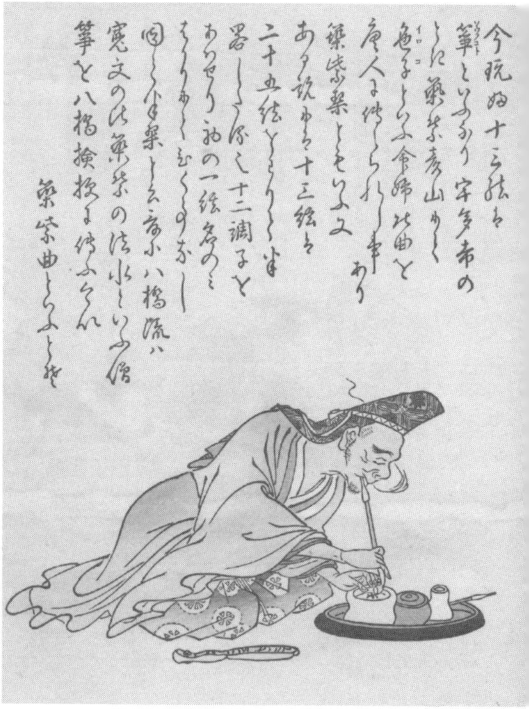

樂曲

■有些女孩學習琴與三弦是為了到武士家當女僕《頭書增補訓蒙圖彙》

■太鼓販一面敲打自己的商品一面叫賣《今樣職人盡歌合》

太鼓販

據《人倫訓蒙圖彙》介紹，釋迦牟尼在世時太鼓就已經發明了。當時的民眾敲擊太鼓，主要是為了報時。到了戰國時代，軍隊使用戰鼓發號施令。所以太鼓在當時與其說是樂器，不如說是向民眾傳遞訊息的工具。右圖是販賣祭典太鼓的太鼓販。

香

■能夠分辨香味的能人叫做「香嗅」《人倫訓蒙圖彙》

聞香競賽

日文叫做「香合」。據《頭書增補訓蒙圖彙》解釋，「香」能驅邪避凶又具備潔白純淨的優點，因此人們在神壇或佛龕焚香祝禱。庶民最熟悉的「香」，是線香，但對身分高貴的王公顯貴來說，「香」從很久以前就是一種能夠提供樂趣的「嗜好」。「香合」是一種辨別香味的遊戲，參加者聞過兩種香味後說出材料名稱，並判斷兩者的優劣。

香具店

「香具店」是專門販賣藥材、香料的商店。「香具師」這個名詞有多種念法，如果念成「やし（野師）」的話，是指在熱鬧市集推銷商品的江湖藝人。香具屋出售的商品包括：沉香、沉香木、白檀、丁香等製作各種香的材料。也有很多藥材商除了出售朝鮮人參、熊膽之外，也同時販賣香具。

■女人聞香的模樣。她的膝邊擺著香包與香盆。《頭書增補訓蒙圖彙》

■香具店門口的看板上寫著：「美豔仙女香」，可能這種香能讓肌膚變美吧。《寶船桂帆柱》

茶

茶道

據《人倫訓蒙圖彙》記載，日本很久以前已有茶道，但在千利休提出各種規定細則之前，茶道始終不受重視。千利休進行的改革包括：茶室改稱「數寄」，必須從露天的戶外進入茶室，庭園花木的種植方式、料理的內容等，茶道的流派極多，譬如像古田織部、小堀遠江（遠州）等人都開創了自己的流派。事實上，茶道也是了解人際交往的方法，可說是對人生有益的休閒活動。

■茶道的基本精神是不尚奢侈，恭敬待人。《頭書增補訓蒙圖彙》

■這幅畫以「點茶圖」為題，內容是茶道儀式的過程。《茶湯早指南》

■全套茶具。開始練習茶道之前，應該先準備下圖這些道具。《茶湯早指南》

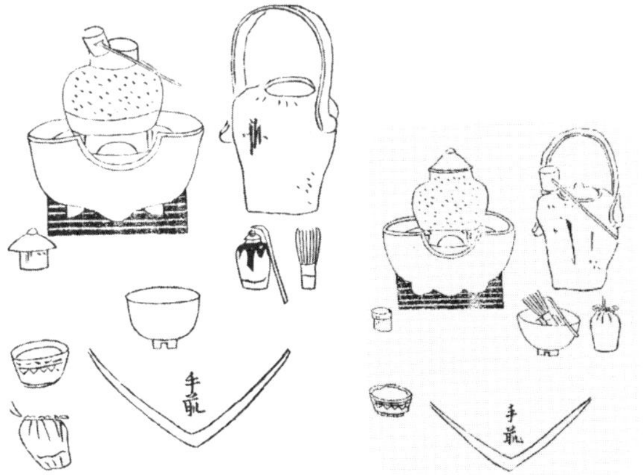

茶師

京都建仁寺的開山始祖榮西和尚在後鳥羽院時代東渡唐朝，後來他回國的時候，從中國帶回茶樹種子，並種在筑前國背振山上，從此日本總算踏出製茶的第一步。當時那些茶樹種子分別種在山城宇治和栂尾，栂尾的茶樹前功盡棄，全都失敗了，但是宇治的茶樹卻長得非常茂盛。宇治茶師上林家從室町時代起擔起御用茶師的重任，一直受到幕府與朝廷重用。

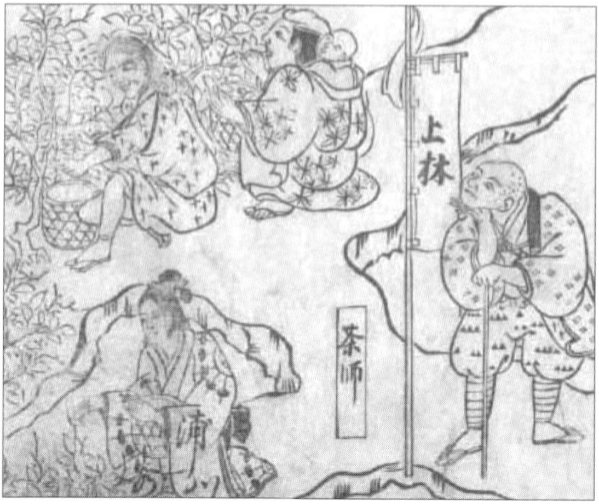

■採茶活動在農曆四月進行。圖中的旗幟上寫著「上林」，表示是茶師上林家的活動。《人倫訓蒙圖彙》

挽茶店

挽茶即是茶道使用的抹茶。挽茶店把蒸過的茶葉曬乾，放在茶臼裡磨成茶粉出售。而茶葉則放在茶葉店出售。至於使用熱水沖泡的煎茶，江戶中期以前，必須放在火上煮出味道，到了八代將軍吉宗的時代，煎茶才開始使用茶壺沖泡。

■挽茶店的人用茶臼磨茶粉
《人倫訓蒙圖彙》

茶杓師

茶杓是用來舀抹茶粉的茶匙。據《人倫訓蒙圖彙》介紹，當時住在堺的甫竹，還有住在京寺町自稱得到利休真傳的一齊，都是有名的茶杓師。《嘻遊笑覽》則指出，號稱某某名人製作的茶杓，其實都不是本人做的，尤其是身分高貴的王公顯要，身邊都雇了手藝精良的職人，除非茶杓上面刻了姓名，否則做這些茶杓的，都只是小堀（通稱「小堀遠州」）身邊的削竹匠而已。

■茶杓師削下竹片，用火烤炙加工，把竹片尖端弄彎。《人倫訓蒙圖彙》

■茶杓與茶筅《茶湯早指南》

茶罐袋師

茶道使用的抹茶粉裝在茶罐裡，茶罐需用布袋收起來。使用金線錦緞或緞子等名貴布料製作這個布袋的職人，叫做「茶罐袋師」。這些職人也會製作裝茶罐的網袋，所以也叫做「網師」。網袋就像下圖所示，是用各色絲線編成六角形網孔的袋子。

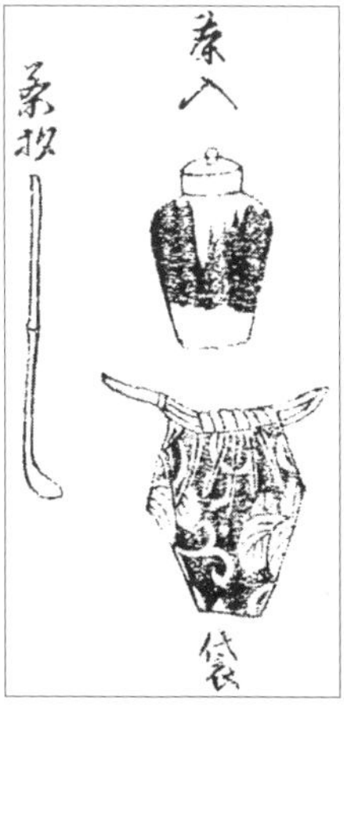

■茶罐、茶罐袋與茶杓，被稱為「三器」《茶湯早指南》

■茶罐袋師一面打量茶罐，一面聆聽顧客的需求。《人倫訓蒙圖彙》

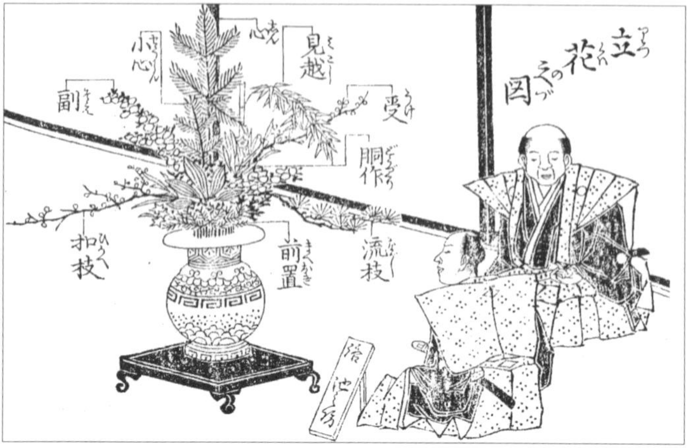

■立花圖。立花是指插花前先決定整體造型的中心，從「心」開始著手，然後再決定構成造型基礎的枝幹位置，每根枝幹都有特別的名稱。《永代節用無盡藏》

立花

按照事先訂下的規矩插花，叫做「立花」。這種插花方式在元祿時代到達巔峰期。據《頭書增補訓蒙圖彙》介紹，首創立花的宗師是頂法寺六角堂的僧官池坊。每年七月七日，池坊流的弟子齊聚一堂，為牛郎織女奉上立花，而京都民眾則蜂擁而至，都想一睹盛況。據說池坊流設立了很多教室，專門傳授投入式插花，並經常舉辦以花會友的活動。《嘻遊笑覽》為了證明不是只有辦佛事的時候才能用瓶插花，特地引用《枕草子》的一段文字：「櫻花盛開，折一段長枝，插入大瓶，多風雅，多有趣。」或許這才是熱愛花草之人該有的作為吧？

■芍藥插在竹筒裡《女遊學操鑑》

■各式各樣的花器。圓柱形竹筒或上下各開一口的竹筒花器最受茶道人士喜愛。《永代節用無盡藏》

投入●投入是指枝幹保持自然的形態插入花器。這種插花方式不受形態的拘泥，使插花者更能享受大自然的樂趣，很受江戶庶民的喜愛。

下草屋

據《人倫訓蒙圖彙》介紹，下草屋專門出售插花用的花草。凡是家中有人學習插花或教導插花的住戶，下草屋每隔十五天就到那些人家去賣花。立花講究先在整體結構的中央定好「心」的位置，然後安排配角枝條的位置，這些配角的枝條叫做「七道具」，「下草」則是陪襯「心」的花草。右頁的圖片選自江戶後期出版的《永代節用無盡藏》，安排在「心」周圍的道具已增至九個。

■下草屋出售插花需要的各種花草《人倫訓蒙圖彙》

花店

把切花插在木桶裡出售的商店，叫做「花店」。除了花店之外，也有提著木桶到處叫賣的「花販」，但不論花店或花販，主要都是販賣供佛的佛花，很少看到插花用的鮮花。《守貞謾稿》指出，全國三大都市的親鸞宗信徒比較願意購買昂貴的鮮花供在佛前。

■賣切花的花販《今樣職人盡歌合》

■從畫中的狂歌可以看出，這是一家菊花店。《寶船桂帆柱》

紅燈區

江戶時代，全國三大都市都設有幕府特許的紅燈區。不過規則各不相同，就拿「茶屋」來說，京坂和江戶的茶屋分別扮演不同的角色，唯一相同的是，所有的花街柳巷都是販賣短暫的美夢而已。

■八朔（八月一日）是德川家康進入江戶城的紀念日，每年到了這天，吉原的妓女都穿上白色夾衣接客。「八朔」是江戶青樓特有的眾多假日之一，譬如五節句就包括在其中。妓女在八朔這天規定一定要接客。《江戶名所圖會》

妓院

有妓女陪伴顧客取樂的地方，叫做「妓院」。妓院的稱呼非常多，譬如像傾城屋、青樓、女郎屋等。全國三大都市都有幕府特許的紅燈區，分別是江戶的吉原、京都的島原、大坂的新町。京坂和江戶的妓院及妓女的等級、玩樂方式……各不相同，但所有妓院老闆的職責都是一樣的：把手下眾多女孩訓練成能夠接客的妓女。

■京都的妓院老闆被稱為「久津輪（轡）」《人倫訓蒙圖彙》

青樓

■牛太郎也得當「付馬」《川柳江戶吉原圖繪》

牛太郎

中等規模的妓院門口都有牛太郎負責拉客，此外，有些顧客一直佔著座位卻不消費，牛太郎就要設法把這種客人趕走，或讓他們掏錢消費。有些顧客結帳時掏不出錢來，牛太郎就把客人的同伴關進收放燈籠的庫房，等人送錢結帳後才放走。如果獨遊的顧客付不出錢，牛太郎便跟著顧客一起去借錢。這種討債的角色，日文叫做「付馬」。

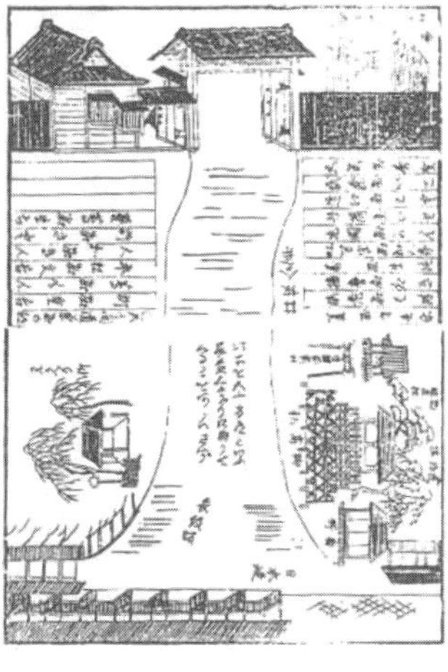

■慶應元年發行的「吉原細見」裡面刊載了吉原大門周邊地圖

吉原細見●吉原的遊覽指南手冊。第一頁列出吉原狎妓的費用，譬如太夫（最高級的妓女）多少錢，座敷持（比最高級次一等的妓女）多少錢，高級妓女的花名上方加註兩座山峰組成的圖案，旁邊還列出吉原一年四季的節日。第二頁是地圖，圖中標示從大門之內位於路旁的妓院名稱，以及所屬妓女的等級。

■吉原的高尾太夫在衆多隨從陪伴下進入揚屋。「太夫」是等級最高的妓女，擁有太夫的青樓並不多，只有武士或大商人才夠資格找太夫陪座。《近世奇蹟考》

青樓

揚屋

揚屋並不雇用妓女，而是等顧客上門後，再到妓院去把太夫接來陪客。揚屋只負責提供狎妓的場所，妓女前往揚屋時，從棉被寢具到化妝用品，都由隨從一起運到揚屋。客人若有需求，揚屋也能幫忙介紹幫間或藝妓，但揚屋從不肯召喚低級妓女。

■京坂的揚屋一直經營到明治時代《人倫訓蒙圖彙》

京坂與江戶的揚屋●吉原剛剛成立的黎明期，有資格在揚屋召喚太夫陪座的貴客，主要是大名或旗本。五代將軍綱吉和八代將軍吉宗的時代，幕府提出嚴禁奢侈的政策，並且頒布禁止武士狎妓的命令。之後，光鮮奢華的揚屋和令人驚豔的妓女、太夫都消失了，揚屋町也變成名存實亡的地址，不過京都島原和大坂新町的妓院一直到幕府末期還在營業。

茶屋

京坂最高級的妓女「太夫」是不肯到茶屋接客的，只有等級較低的妓女「天神」以及更次等的妓女，才會到茶屋陪客，所以茶屋又叫「天神茶屋」。而另一方面，江戶吉原的茶屋卻扮演著妓院與狎客之間的仲介角色，不過顧客只能請藝妓來為宴席表演助興，並不能在茶屋與妓女同床共枕。如果顧客在茶屋舉行宴會，茶屋也會把妓女接來陪客。

■京都島原的茶屋《人倫訓蒙圖彙》

水茶屋

水茶屋也是一種茶屋，卻是普通人喝茶休息的地方。江戶的淺草寺境內、湯島天神、神田明神等寺院門前都有很多家水茶屋，每家店裡都雇了招牌女侍招攬顧客。京都的水茶屋集中在四条河原，祇園社頭，清水寺等地。四条繩手的水茶屋還兼有芝居茶屋的功能，專為看戲的顧客提供預訂包廂的服務。

■祇園繩手的水茶屋。觀衆在看戲之前先來這裡喝一杯茶，抽一管菸。《人倫訓蒙圖彙》

置屋

置屋豢養一批妓女與藝妓，卻不設接客的空間。揚屋、茶屋若是派人來接，置屋便派出自家的妓女與藝妓前去陪客。「置屋」在京坂通常是妓院的別稱。

■花魁遊行隊伍抵達揚屋《人倫訓蒙圖彙》

■幫間表演歌舞謠曲，炒熱酒宴的氣氛。《狂言畫譜》

■江戶的藝妓。深川辰巳的藝妓以氣質優雅著稱，由於身穿印著店紋的黑色羽織外套，所以叫做「羽織藝妓」。《狂歌倭人物初編》

幫間

幫間在宴會裡表演專業水準的歌謠小曲，給賓客帶來歡樂與興奮。京坂地區把「幫間」叫做太鼓持、藝伎、下男等。江戶則稱之為「男伎」，不論在幕府特許的吉原或非法的紅燈區，都可以看到幫間在宴會場所賣藝。他們也會說唱淨琉璃故事，許多人的水準甚至堪稱一流，因此被稱為某某太夫。京坂地區如果只說「藝伎」的話，通常就是指幫間，而江戶居民所謂的女藝妓，京坂地區稱之為「藝子」。

藝妓

江戶人如果說起藝妓，通常是指女性藝妓，京坂居民稱之為「藝子」。《守貞謾稿》指出，古時在宴會裡彈奏三味線助興的，都不是女藝妓。不論京坂或江戶，都是在江戶中期的享保年間至寶曆年間這段期間，由於妓女不再為客人表演彈唱，才有藝妓的誕生。

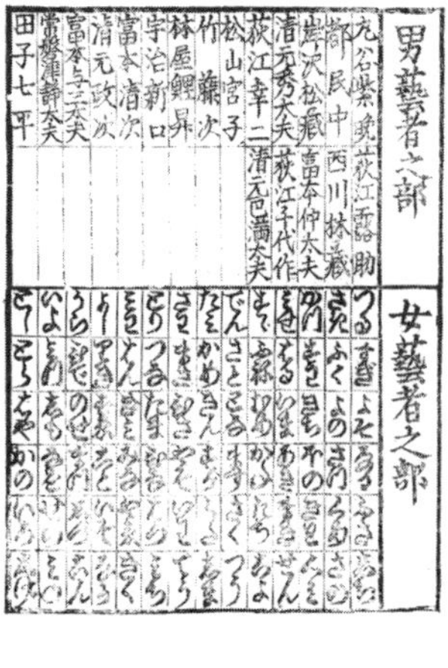

■男藝伎欄裡可以看到常盤津、清元太夫等名稱（弘化二年的《吉原細見》）

傾城

歌舞伎劇目裡經常可以看到「傾城」兩字，這是江戶時代用來形容妓女的字眼，表示絕代美女的意思。據《守貞謾稿》說明，只有三大都市幕府特許妓院裡的妓女，才能用「傾城」稱呼，非法紅燈區的娼妓即使同樣也是妓女，卻不能稱「傾城」。《人倫訓蒙圖彙》也指出，妓女這一行是個苦行業，通常得幹滿十年才能贖身，贖身費包括老闆當初付出的借款，另外還得加上利息，而且必須在合約期滿的時候一次付清。

■「江口君圖」是浮世又兵衛描繪的平安後期妓女。浮世又兵衛的真名叫做岩佐又兵衛。這一頁的圖片，是山東京傳臨摹的仿製品，圖中的文字說明指出，畫中人物的衣著與腰帶上的花紋，都用金粉銀粉作為裝飾。《近世奇蹟考》

妓女

■花魁的髮髻上插著髮笄。遊行時，花魁頭上還要插更多髮梳和髮簪以表現豪華的氣氛。《狂言畫譜》

■吉原妓女的木屐。表面塗黑漆，高度分六種，從五寸五分至八寸不等，妓女按照身分等級穿不同高度的木屐。《守貞謾稿》

贖身●妓女付出當初賣身的金額，換來不再接客的自由，叫做贖身。妓女如果無法償還賣身時收取的費用，這筆錢就成為借款。

■江戶後期的言情小說裡的花魁。插花也是花魁的嗜好。《人情腹之卷》

花魁

據說「花魁」這個稱呼的由來，是因為妓女見習生「禿」和後輩妓女稱呼自己伺候的花魁時，總是開口閉口尊稱「我家太夫子」，而且總是省略後半的「太夫子」，而只稱「我家（おらが）」，我家」，日文發音聽起來很像「花魁（おいらん）」，花魁」，因而得名。據《守貞謾稿》指出，「花魁」原是高級妓女的通稱，但是到了幕府末期，顧客和一般人開始把吉原的普通妓女也稱為「花魁」。這種情形實在很荒謬，就好比明明還沒晉升「大關」的相撲選手，大家都稱他為「關取」，明明不是一家之主的男人，下人卻都稱呼他為「老爺」。

花魁道中●道中原本是「旅途」之意，花魁道中的路線通常是從妓院前往揚屋或茶屋之間的路程，花魁在眾多隨從簇擁下，以優雅的姿勢邁著緩慢的步伐前進。陪伴花魁的隨從包括妓院的後輩妓女、妓女見習生「禿」，以及負責搬運物品的男僕等，那種盛況有點像大名的遊行隊伍。

■幕府末期被稱為花魁的吉原妓女。前方是妓女見習生，叫做「禿」。《守貞謾稿》

■太夫不僅容貌美麗，還精通各種技藝。《頭書弁解倡賣往來》

格子

「格子」是等級次於太夫的妓女。她們在「大格子」（高級妓院）裡面擁有自己的房間，因而得名。但同樣是排名第二的妓女，京都島原的妓院卻把她們叫做「天神」。據說是因為「格子」應召一次收費二十五匁，而天神廟（菅原道真）舉行廟會的日子剛好是每個月二十五日，所以「格子」在京都叫做「天神」。

■第一代高尾太夫。之後的連續幾代高尾太夫都在吉原京町一丁目「三浦屋」老闆四郎左衛門的手下接客《萬物雛形畫譜》

太夫

「太夫」在京都、大坂、江戶的妓院裡都是指最高級的妓女，但這個名詞並不是妓女對自己的稱呼，而是代表妓女的等級。如果妓院老闆認為某個女孩有潛力，就能讓她從見習生的「禿」經過「格子」的歷練，最後升上「太夫」的地位，就像說唱藝人剛入行的時候只能在開場上台，之後升任壓軸，最後才能擔綱大軸。「禿」都是年幼的女孩，她們跟在太夫身邊耳濡目染，漸漸學會如何扮演太夫。吉原曾經有過幾位繼承高尾名號的太夫，但是到了江戶中期，太夫也從吉原消失了。

■大街旁的高級妓院裡，一名「格子」正在待客。《繪本庭訓往來》

妓女

夜鷹

出賣色相的妓女當中，等級最低的叫做夜鷹。京坂地區稱之為「惣嫁」。據《守貞謾稿》記載，江戶的本所吉田町、兩國橋東邊、永代橋西側，都有很多夜鷹出沒。她們接客的場所是白天可以拆除的組裝小屋，天黑以後才搭起來，敞開的小門上掛一塊草蓆，夜鷹站在門口招攬顧客。這種地方當然沒有幫忙打點的老闆，但通常幾名妓女會共同找個男工，幫大家處理糾紛或拉客。

■江戶的夜鷹。左邊是妓女們最喜歡用來果腹的夜鷹蕎麥麵。《狂言畫譜》

舟饅頭

「舟饅頭」是等級較低的娼妓，專門到停泊在隅田川邊的船裡與人交易。大坂也有很多類似的妓女，叫做「品升」。她們搭乘小船前往停駐在木津川等河口的船中供人洩慾。據《守貞謾稿》說明，「品升」的發音來自「品娼」（「娼」與「升」的日文發音相同），因為舟饅頭只需白米一升的價格就肯賣身。

■「舟饅頭」的穿著打扮都比夜鷹好一點，白天即使被人看見，她們也不覺得害羞。《今様職人盡歌合》

宿場女郎

重要幹道的宿場（驛站）有許多客棧，專門在這些客棧買身的娼妓叫做「宿場女郎」。江戶通往全國的四個幹道起點叫做「四宿」，其中品川宿的妓女受歡迎的程度不亞於吉原，但是品川宿並沒有幕府的特許，「宿場女郎」只能以照料旅客的女侍身分為顧客服務。這些妓女也叫做「飯盛女」，東海道全線只有在駿府的彌勒町，有一間幕府特許的妓院，其他的宿場女郎全都是飯盛女。

■東海道五十三次品川宿因為距離江戶較近，出門遊玩兼休養的旅客總是把這裡擠得水泄不通。（歌川廣重）

■正在接受演員訓練的野郎。就像妓院雇用妓女一樣，劇團也雇用狂言演員進行訓練之後，讓他們參加演出，上台成為正式演員之前的野郎叫做「陰間」。《人倫訓蒙圖彙》

■享保中期（1716~1736）的野郎《守貞謾稿》

野郎

靠姿色餬口的男人叫做「野郎」，京坂稱為「若眾」，江戶稱為「陰間」。後來因為幕府頒發禁令，從事這種職業的店家與個人都越來越少。但根據《守貞謾稿》指出，一直到幕府末期為止，日本橋的葭町、湯島、芝神明等地還有一些營業中的野郎。芝位於增上寺附近，湯島則在寬永寺周邊，這些地方的野郎主要是為僧侶服務。

四宿●江戶時代全國的主要幹道與五街道都是以日本橋為起點。位於五街道出入口的四個宿場叫做「四宿」，分別是：東海道的品川宿，中山道的板橋宿，甲州道的內藤新宿，日光道與奧州道的千住宿。

江戶
豆知識

【吉原是天下公認的美夢鄉】

一般認為，江戶城樓的方圓四里之內都算江戶。更廣義的看法則認為，「四宿」之內皆江戶。四宿雖然也有花街柳巷，卻都是違法營業，只有吉原才是公開營業的紅燈區。

明曆大火（一六五七）的第二年，吉原從日本橋遷到淺草寺後面的農地裡，幕府撥給業者的土地相當於原本的一倍半（面積約為東京巨蛋的兩倍），新吉原從此成為幕府特許的紅燈區，整日顧客盈門，生意興隆。據說吉原當時共有妓女三千人。這座幕府管轄區內最大的遊樂城裡，每天消費金額高達一千兩。吉原周圍四面八方挖了一道壕溝，把世外桃源與日常生活隔開。而連結兩個世界的，只有一道大門。遊客走進吉原的大門後，就能看到無數奢華耀眼的妓院。大街兩旁並列許多「引手茶屋」，負責幫顧客介紹妓院。顧客只要一腳踏進茶屋之間的小巷，就能看到巷內有許多妓院。

■吉原的大門。進門後，右側是監視站，大街兩邊全是緊密相連的茶屋。《人情腹之卷》

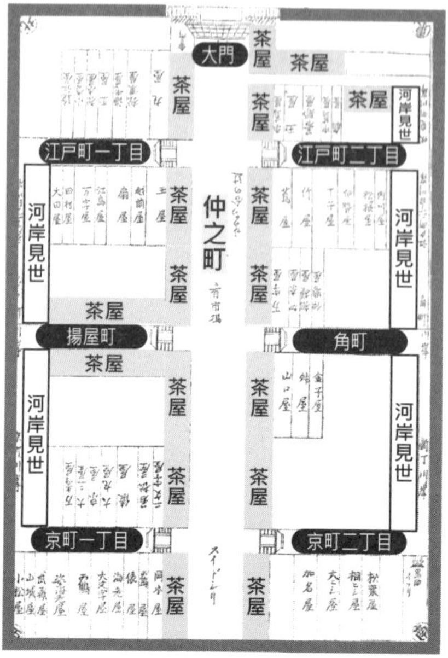

●江戶中期天明年間的吉原風貌。整個紅燈區四周用一道大型壕溝圍住，只留一道大門可供進出。這道壕溝又叫做「齒黑溝」。中央的仲之町建滿了一間連著一間的茶屋，茶屋後面則是妓院。當時妓女已不用帶著寢具到揚屋接客，揚屋町已經看不到任何妓院。壕溝旁也有一些妓院，但是裡面的妓女等級並不高。《川柳江戶吉原繪圖》

■遊客可以搭乘駕籠直達吉原的大門，只是費用貴得驚人。《繪本江戶土產》

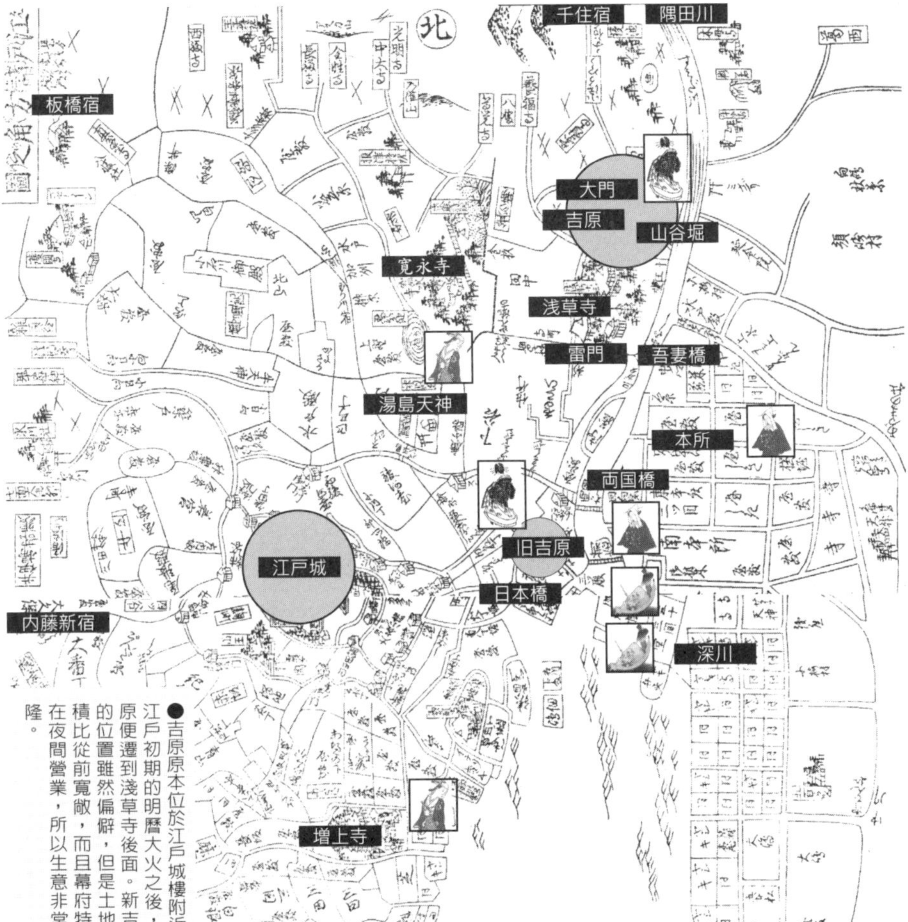

●吉原原本位於江戶城樓附近，江戶初期的明曆大火之後，吉原便遷到淺草寺後面。新吉原的位置雖然偏僻，但是土地面積比從前寬敞，而且幕府特准在夜間營業，所以生意非常興隆。

■江戶四面八方圖。北邊有千住宿、板橋宿，西邊是內藤新宿，南邊是品川宿。東邊一直通往本所深川，全圖明白標出幕府管轄範圍。《永代節用無盡藏》

■以迅速著稱的豬牙船。乘客搭船沿著隅田川逆流而上，直到山谷堀下船，再順著河畔的堤防步行前進。《繪本續江戶土產》

＊左起為花魁、夜鷹、舟饅頭、野郎

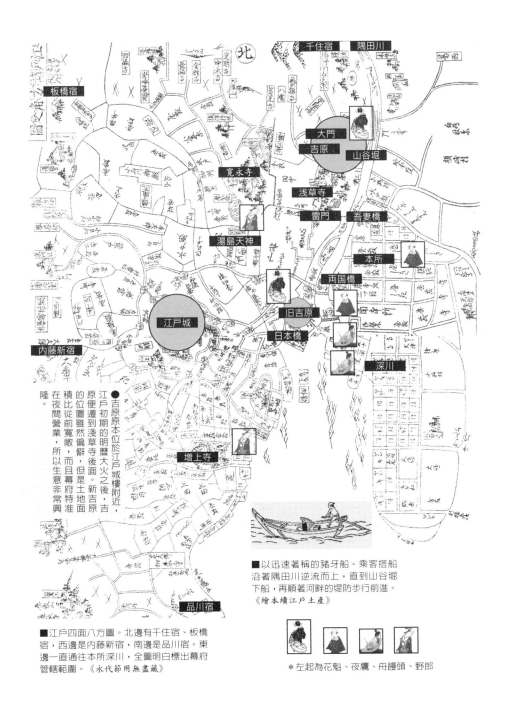

第五章・藝能

公演活動與街頭表演

■江戶歌舞伎演員市川團十郎是歌舞伎元祖，圖中是第二代團十郎在中村座演出「萬民大福帳」。《歌舞伎年代記》

公演活動

能狂言

◇俳優◇能樂演員◇狂言師◇地謠◇伴奏◇四拍子◇面具匠

戲劇

◇戲劇演員◇作者◇木戶番◇梳頭匠◇假髮匠◇劇場茶屋◇人形劇◇淨琉璃太夫◇操偶師

說唱藝術

◇說書匠◇太平記說書匠◇咄家

相撲

◇相撲選手

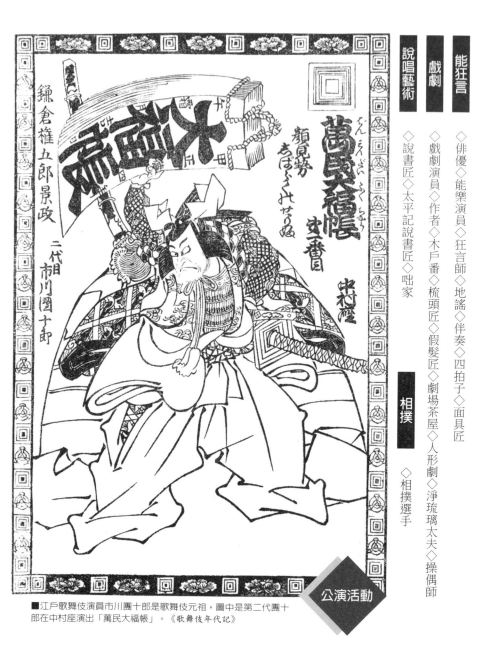

街頭表演

雜耍

◇放下師◇說唱小販◇抽快刀◇輕業◇陀螺雜技◇文織

演藝活動

◇猿若◇傀儡師◇夷舞◇西洋景◇住吉舞◇代神樂◇舞獅◇越後舞獅

門付

◇萬歲◇驅鳥◇春駒◇耍猴戲◇節季候◇敲鉢◇歌念佛◇八打鉦◇趕風神◇門說經◇高屐

「抽快刀」和「神道者」都是在路上表演的技藝《今様職人盡歌合》

■江戶初期的劇場舞台。花道搭在舞台正面，花道的兩邊都有觀衆。
《戯場節用集》

買票觀賞的技藝，路邊展示的技藝

「藝能」這個字眼是從中國傳來的，用現代話來解釋，就是指音樂、歌舞等各種才藝。不過古代的「藝能」所代表的內容卻非常豐富而多樣。譬如像第三章介紹過的學問、書畫、文學，還有第四章提到的茶道、花道等娛樂藝術，都包括在「藝能」的範圍內。

作為本書結尾的這一章裡，我將以音樂歌舞類表演為中心，分「公演活動」與「街頭表演」兩方面來向大家介紹江戶時代的藝能世界。那種買票進入小劇場看表演的，我稱之為「公演活動」；在廣場或寺院門前展示的演藝活動，或四處巡迴賣藝賺錢的「門付」藝人，為了便於分辨，我稱之為「街頭表演」。

●藝能的極致 集能樂大成的世阿彌在他的著作《風姿花傳》的〈奧儀篇〉裡談到藝能：「所謂的藝能，能夠豐富人類的感情，不論身分貴賤，都能產生相同的感動。所以藝能是增福添壽的基礎，遐齡延年的法則。說得更誇張一點，所有藝能活動，都能令人福壽綿長。」簡單地說，觀賞藝能表演使人心情愉快，忘卻身分，心中充滿幸福，因而延長壽命。

世阿彌曾被流放到佐渡島，後來當地幾乎每個村莊都有能樂舞台，或許也算是世阿彌的遺產吧。近年來，舞台的數目減少了很多，但是昭和時代為止，大約還有五十座左右。公演時，薪能樂的舞台設在稻

■每年元旦到正月十五日之間，京都街頭可以看到推銷「懸想文」（情書幸運符）的小販。他們販賣的商品不是技藝，而是偽造的情書。但能想出這種稀奇的買賣，也算一種技藝吧。《近世奇蹟考》

草屋頂的神社前，負責看管篝火的演員身穿水洗綢布禮服，規規矩矩地守在篝火旁邊。我曾坐在草蓆的座位上，親眼目睹過好幾次這種場景，每次都令我萬分感慨，世阿彌寫在書中的那些片段，真是名符其實的名言啊。話說回來，江戶時代的能樂演員通常都從幕府或大名領取俸祿，他們演出的能樂，也都是武士的故事，能樂其實跟一般庶民扯不上任何關係。

●戲劇是庶民的娛樂　對喜歡戲劇的人士來說，江戶城簡直就像一座天堂。譬如日本橋附近就有三座頗具水準的小劇場，歌舞伎明星團十郎每年都會在其中的一座舉行公演。這三座幕府特許的小劇場分別是中村座、市村座、森田座，一般稱為「江戶三座」。江戶時代出門看戲要花費一整天的時間，再加上餐飲等消費，金額相當昂貴。除了小劇場之外，不想為花費擔心的人可以去看「御出木偶戲」。「御出」是為沒有幕府特許的小劇場頒發的授權狀，這種劇場門前沒有宣傳塔樓，也請不到三座的演員登台表演，但當時的大眾卻很喜歡去那樣的地方看表演。

●巡迴演出的藝人　江戶時代還有很多特殊的藝能表演，跟奢華耀眼的公演完全不像同一個世界的活動。我在這一章結尾部分介紹了一些「門付」藝人，讀者看了文字旁邊的插畫就明白，絕大部分的表演都十分離奇詭異。譬如像「八打鉦」、「高屐」之類的技藝，或許需要苦練到某種程度才能示人，但這些玩意是否能與世阿彌所謂的「藝能」歸為同類？我不禁心存疑問。或許看了這種街頭表演，觀眾也能獲得心靈慰藉吧。但不論如何，一想到江戶居民都能接受這類表演，實在令人對江戶時代生出無限欣羨。

表演活動

所謂公演，就是讓觀眾花錢買票，進場觀賞各種藝能表演。劇場的門口掛著幕府特許的標誌，並搭起宣傳塔樓。公演內容包括戲劇、相撲和寄席。戲劇總是隨著一陣太鼓聲拉開序幕，相撲是歷史悠久的藝能活動。寄席則是江戶後期才出現的演藝形態。

■俳優以滑稽的動作與歌曲取悅觀眾《頭書增補訓蒙圖彙》

能樂演員

據《人倫訓蒙圖彙》記載，鹿苑院相國公（室町幕府的三代將軍足利義滿）時代，幕府的能太夫叫做觀世世阿彌，他不僅獨創一家，始終居於能樂界領導的地位，還開創了觀世流。觀世流後來分出了金春與寶生兩個流派，金春又分出金剛座流派，總共四派，稱為「四座」。再加上之後的德川家第二代將軍秀忠贊助創設的喜多流，合稱「四座一流」。

俳優

《頭書增補訓蒙圖彙》指出，所謂的俳優就是雜技演員，也就是狂言師之類的藝人。日本的藝能變遷一脈相傳，從平安時代的能田樂、猿樂，到室町時代的能狂言，再到江戶時代的歌舞伎，幾乎都是以中國傳來的文娛活動、雜技等為原點。

■能樂演員與伴奏《人倫訓蒙圖彙》

狂言師

江戶時代所說的「狂言」，通常是指戲劇，但「狂言師」則指演出「能狂言」的演員。據《頭書增補訓蒙圖彙》指出，能狂言的出發點是讓演員裝瘋賣傻，引人發笑，使觀眾的心靈獲得慰藉，或許也因為這個理由，能狂言才會在「狂言」裡加入「能樂」，藉此轉換氣氛，引爆笑點。

■狂言師以對話與動作引人發笑
《頭書增補訓蒙圖彙》

地謡

「地謡」是能樂裡的伴唱，也就是數人齊唱的背景音樂。能樂或狂言裡都有這種形式的伴唱。據《人倫訓蒙圖彙》介紹，伴唱的歌詞含義儒雅溫和，以日本傳統詩詞連綴成句，修飾語十分優美，盡量製造喜慶吉祥的氣氛。凡是祭典、婚禮、喜宴的場合必定會有伴唱。

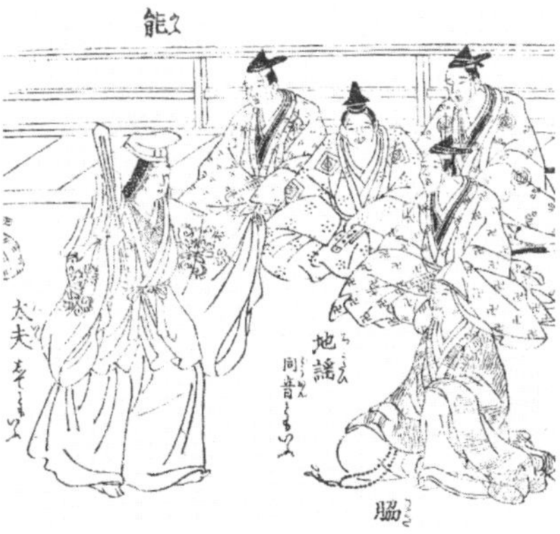

■伴唱也叫「同音」。畫面裡靠前方的兩人是擔任主角「為手」的能太夫與配角的「脇方」。《頭書增補訓蒙圖彙》

演員的身分●世阿彌在世時，能樂因受到室町將軍家及之後的戰國大名熱愛，這段時期可說是能樂的極盛時期。後來到了江戶時代，幕府規定武士階級的典禮配樂都採用能樂。江戶城裡舉行的各種典禮儀式中，扮演能樂演員的全都是武士。四座一流的太夫都是靠幕府的俸祿（薪水）生活，並住在幕府配給的寬闊豪宅裡，同台演出其他演員，也全部住在宅邸空地上的長屋裡。

能狂言

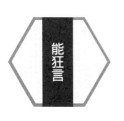

伴奏

能樂演員扮演的角色分為：為手（主角）與脇方（配角）。狂言演員則分為：「立方」（舞蹈）與「囃子方」（伴奏）。歌舞伎狂言也有「囃子方」。能狂言則把伴奏叫做「四拍子」，由擅長演奏四種樂器的演奏家擔負任務。這四種樂器是：笛、小鼓、大鼓、太鼓。

四拍子

■四拍子是指：太鼓、大鼓、小鼓、笛。從觀世的時代開始，各劇場都有專屬的伴奏團隊。《頭書增補訓蒙圖彙》

能狂言

能樂面具●即日文的「能面」，大致可分為翁（老人）、男、女、怨靈、鬼神等五類。左圖是刊載於《永代節用無盡藏》的「能面圖解」。上排是以「小面」為首的女面，下排為怨靈與鬼神。左頁上排是男面，下排是翁面，「生成」跟「般若」很像，但頭上的角比較小，也就是「即將變成女鬼的般若」。

■能樂面具《永代節用無盡藏》

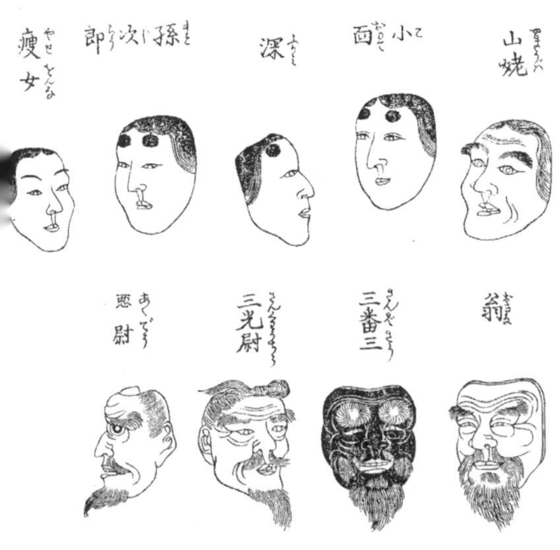

面具匠

負責製作主角「為手」的能樂面具與狂言面具的職人叫做面具匠。據《人倫訓蒙圖彙》說明，樂師與能師都不斷尋找製作面具的高手，書中還提到京都的堀川流、江戶的尾張町日比谷的出目家。樂師是指宮廷或寺院所屬的雅樂演奏者。

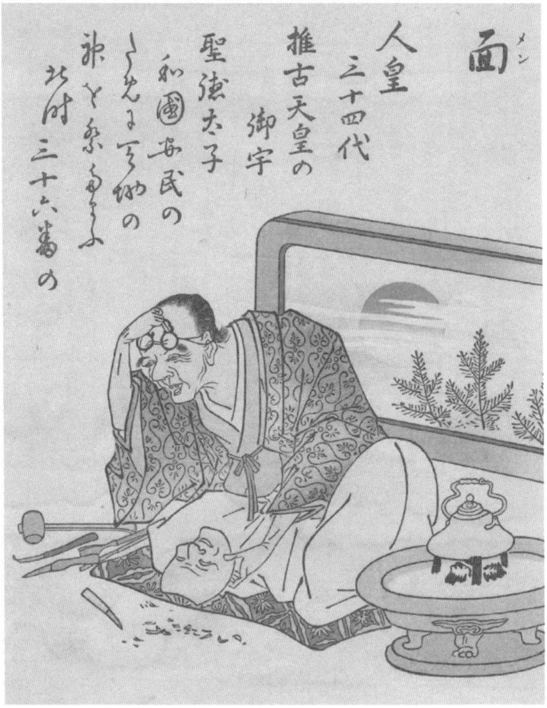

■江戶時代的面具匠是世襲制《彩畫職人部類》

■面具的種類約有六十種，製作方法不叫做「雕」或「削」，而叫做「打」。日文的面具匠叫做「面打」。《人倫訓蒙圖彙》

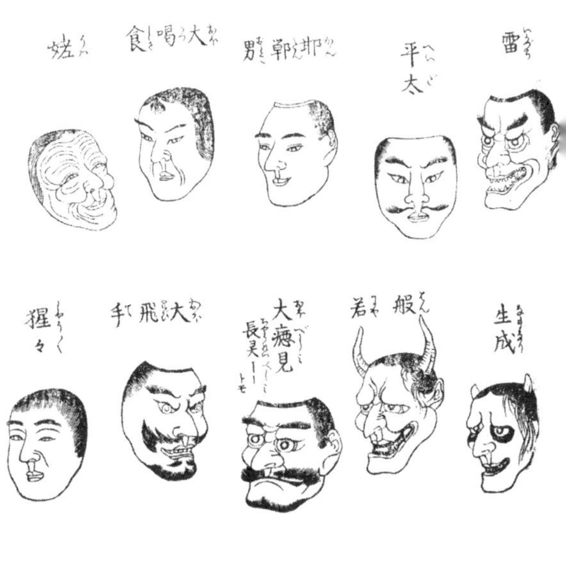

戲劇

■江戶三座之一的中村座，位於日本橋堺町。另外兩家是先後出現經營不善等問題的森田座與市村座。《繪本續江戶土產》

「戲劇」的日文為「芝居」。關於日本戲劇的起源，據《頭書增補訓蒙圖彙》說明，最初可能只是在河邊草地觀賞狂言。因為以草地（日文叫做「芝」）為起點，所以叫做「芝居」。江戶初期，從事街頭表演的「放下師」與「傀儡師」跟戲劇演員算是同行，但後來戲劇演員的服裝與道具變得更為華麗，角色也分成立役、女形、敵役等三種。全國三大都市（京坂江戶）整年都有戲可看，劇場也成為民眾遊玩散心的去處。

戲劇演員

■歌舞伎擔任所有男性角色的演員叫做「立役」。專演壞人的演員叫做「惡人方」，他們在劇中扮演說狠話的敵人，令人望之生厭。《頭書增補訓蒙圖彙》

作者

負責撰寫劇本的人叫做「狂言作者」，簡稱「作者」。從前的劇本作者常由演員兼任，譬如像初代市川團十郎，就曾以「三升屋兵庫」的筆名寫了很多劇本。有名的專業作者包括：上方的近松門左衛門，江戶的櫻田治助、鶴屋南北。作者跟演員一樣也有等級之分，先從見習開始入行，做到地位最高的「立作者」，就能參與擬定演出企劃。

■作者的工作十分繁雜，正本（劇本）完成後，還要負責「說戲」，向主要演員講解戲劇內容，跟演員一起細讀劇本，參加前期排練，等到公演前的彩排時，還得向所有演出者一一提出意見。《戲場節用集》

■劇場的門衛「木戶番」嘴裡念念有詞地招攬往來行人《人倫訓蒙圖彙》

近松門左衛門●近松門左衛門既是淨琉璃作者，也是歌舞伎狂言作者，經常在淨琉璃與狂言兩個分野來回輾轉，而且在兩個分野都留下了傑作。他還跟上方著名演員坂田藤十郎合寫了許多狂言劇本，代表作是歷史劇《傾城佛之原》。

木戶番

小劇場正面的入口叫做「鼠木戶」，這道門故意做成像茶室的入口「躙口」那樣，觀眾必須彎下腰才能鑽進去。站在鼠木戶旁邊高聲招攬顧客的門衛，叫做「木戶番」。另一方面，江戶的町與町交界處，都有負責看守「町木戶」的守衛，這些人也叫做「木戶番」。

■梳頭匠把演員的真髮梳成一個小髻，然後把假髮戴在髻上。《戲場樂屋圖會》

■假髮匠。先把銅板敲打成帽子狀，然後把毛髮黏在銅板上。《人倫訓蒙圖彙》

梳頭匠

梳頭匠的任務是梳髮髻，日文叫做「床山」。江戶時代的演員上台之前通常梳著町人髻，戲裝的假髮則戴在真髮的髮髻上面。梳頭匠先拆開演員的髮髻，重新梳個比較小的髻，讓假髮能夠輕鬆戴上。演員的假髮有時需要隨角色改變，所以梳頭匠還得隨時幫演員重梳髮髻。

戲劇

假髮匠

據《守貞謾稿》指出，日本原本沒有假髮，戲劇演員從承應三年（一六五四）才開始使用假髮。歌舞伎演員最先是用自己的頭髮梳成各種配合角色的髮型，後來在一般女性使用的假髮上市後，假髮匠才開始為劇中的年輕人與老人製作各種假髮。

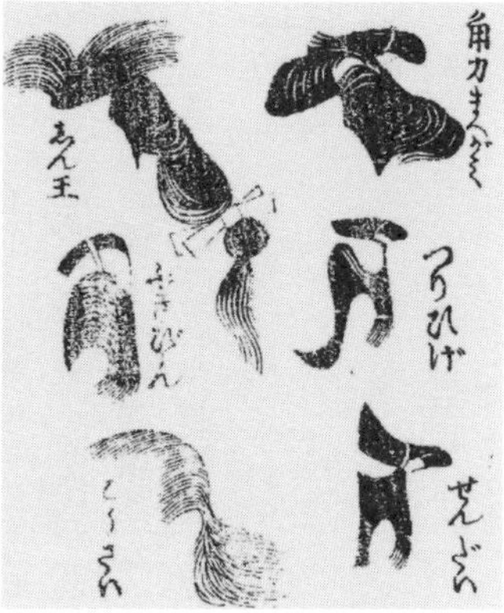

■立役的髮型《戲場訓蒙圖彙》

■劇場茶屋。上方的演員到了江戶之後，先到這些茶屋行禮打招呼。《戲場訓蒙圖彙》

劇場茶屋

一般庶民到劇場觀劇時，必定都到旁邊的茶屋喝杯茶。茶屋會為熟客提供預訂包廂的服務，並且派人把熟客領進劇場，有些顧客也會趁中場時間到茶屋用餐。京坂的劇場茶屋還允許顧客召妓或找藝子陪坐。江戶的劇場茶屋可幫顧客召來町藝妓相陪。

人形劇

據《頭書增補訓蒙圖彙》介紹，人形劇又叫木偶戲，最初是用線把人形吊起來操作，後來人形越做越精巧，到了江戶中期，人形幾乎已可隨意操縱，看起來就像真人一樣。大坂難波的竹本座和豐竹座是人形劇的出發點。

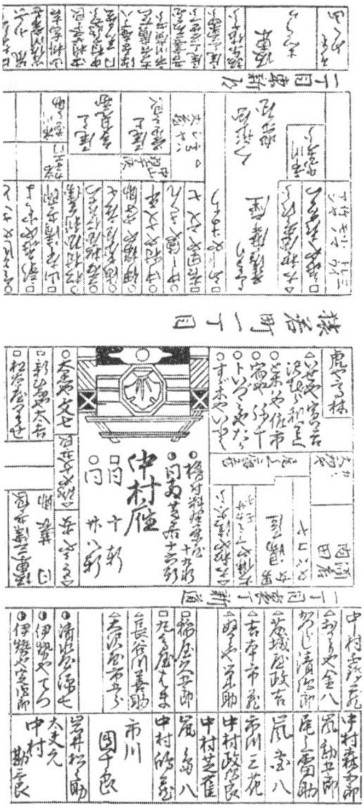

■芝居町地圖。天保改革的時候原本位於日本橋的芝居町遷到淺草猿若町。中村座的兩側和道路對面，全都是緊密相連的劇場茶屋。《歌舞妓年代記》

■人形劇的一個角色由三人共同操作《頭書增補訓蒙圖彙》

人形劇

■淨琉璃太夫在舞台後方練習《人倫訓蒙圖彙》

淨琉璃太夫

「說唱淨琉璃」是很久以前就已存在的說唱藝術。到了江戶初期，竹本義太夫在大坂開設竹本座，與作者近松門左衛門攜手合作，淨琉璃從此開始廣受觀眾熱愛。之後，太夫不僅在人形劇擔任說唱重任，以太夫的說唱為基礎而形成的歌舞伎狂言，也受到大眾好評。就連江戶中期開始流行的寄席，每晚也能看到兩位淨琉璃太夫彈著三味線說唱故事。

■淨琉璃太夫在歌舞伎舞台表演的節目內容，原本是為了人形淨琉璃而寫的劇本。右邊是伴奏的三味線。《神事行燈》

■操偶師正在表演兩人打鬥《人倫訓蒙圖彙》

操偶師

負責操縱人形淨琉璃人偶的職人，叫做操偶師。最初是一名操偶師負責一個人偶，表演時把手從衣襬下方伸進去操縱。江戶中期之後，人偶的手腳分別由另外兩人負責，所以每個人偶變成三個人一起操縱。傀儡師、夷舞（請參照一七九頁）是單人操偶師，但他們跟淨琉璃毫無關連。

說唱藝術

■說書匠上台表演時穿著日常服裝。聽說書的費用每人四十八文。技藝還不成熟的說書匠只收三十六文，尚未束髮的少年說書匠則再減半。《狂歌倭人物初編》

說書匠

據《守貞謾稿》介紹，說書匠上台表演時，一面閱讀史料一面講述古代戰爭故事，並加入自己的見解與說明，也叫「講古匠」。現代則稱為「講談師」，主要是在江戶的寄席或京坂所謂的說書場表演評書。寄席或說書場除了可以聽說書之外，還可以欣賞謠曲。

太平記說書匠

據《人倫訓蒙圖彙》指出，這些近世出現的說書匠，其實就是靠說講《太平記》討錢的乞丐。他們通常聚集在京都糺之森附近，地上鋪一塊草蓆，就地開講，算是一種街頭表演。這套說故事的本事後來被說書匠繼承了，他們在寄席或說書場的表演，常讓觀眾聽得如痴如醉，感動萬分。

■說書台（閱讀台）也可當書桌使用，說書匠用扇子敲著桌面打拍子。《繪本庭訓往來》

■太平記說書匠原是上門表演的門付技藝《人倫訓蒙圖彙》

太平記●《太平記》是跟《平家物語》齊名的歷史戰爭故事，原書是一部超長篇小說，內容講述鎌倉時代末期持續到南北朝的貴族與武士之間的鬥爭。據說這部巨作直到室町三代將軍足利義滿的時候才寫完。

說唱藝術

■上方落語的始祖露之五郎兵衛，在北野天滿宮表演街頭說書。《近世奇蹟考》

咄家

「咄家」就是現代的落語家。「落語」跟能樂、漢詩一樣，都是明治時代以後出現的字眼，江戶時代把落語簡稱為「咄」（噺）。京坂的咄家在說書場表演，江戶咄家的工作場所則在寄席，但其實三大都市的咄家表演的內容都差不多，不外是滑稽故事、幽默小品或傳說故事。幽默小品會在段子裡鋪哏，結束前引得觀眾哄堂大笑。傳說故事講的則是言情小說。

■講台上表演說書的《早引漫畫》

■魔術師也能上台表演《早引漫畫》

■說唱藝人在寄席表演時，身上穿著禮服，在三味線琴師伴奏下，向觀眾說唱淨琉璃故事。《商賣往來繪自引》

寄席●據《守貞謾稿》介紹，幕府末期的江戶，幾乎每個町都有一兩處掛著寄席的燈籠看板的地方。而寄席還沒出現之前，藝人是在日本橋芝居町的茶屋二樓，或每個月找個比較寬敞的店面借用五、六天，在店裡表演說唱節目。寄席第一次出現在江戶，是在寬政十年（一七九八）。

相撲

■「古畫相撲圖」。當時進行比賽時，是由相撲選手圍坐成圓圈代替土俵。土俵是在江戶初期的元祿時代發明的，然後才有了「逼出圈外」的致勝招式。《近世奇蹟考》

■江戶時代的力士（相撲選手）是由大名家分別提供衣食俸祿，幕府則公開承認力士擁有武士身分。江戶時代的相撲選手中，地位最高的等級叫做「大關」，傳說中在位最久的大關是雷電為右衛門，他領取的俸祿來自出雲松江藩。圖中的人物是由戰國大名森家負責資助的相撲選手。《狂歌倭人物初編》

相撲選手

江戶時代的相撲比賽都是為了募集神社佛寺修繕資金而舉辦的勸募活動，主辦單位必須先向擁有管轄權的寺院神社申請許可，才能進行賽事。當時江戶的賽場共有三處：兩國的回向院，深川的八幡神社、藏前的八幡神社。各賽場每年舉辦兩場比賽，每場賽程十天。但這些賽場並非永久性建築，每次比賽開始之前，才著手搭建臨時性組合屋。

街頭表演

街頭表演即是路邊賣藝，也叫做「辻藝」。藝人為了收取賞錢而向觀眾展露技藝，或為了販賣商品而以技藝吸引顧客。還有流動式賣藝的藝人，叫做「門付」。

辻芸●名稱裡冠上「辻」（日文為十字路口之意）的技藝，不一定只在街頭表演。江戶時代名稱裡有「辻」字的技藝包括：辻能、辻狂言、辻說書、辻咄等，都是在小劇場舉行的公演活動，只是不像正式公演那麼隆重罷了。

■放下師正在表演轉盤子，這項技藝後來變成寄席的表演節目之一。《人倫訓蒙圖彙》

放下師

據《人倫訓蒙圖彙》介紹，「放下」即「拋開一切」的意思。禪宗認為割捨諸緣即是放下。放下師表演的技藝包括拋球，也就是兩手輪流拋接數個小球，或像圖中那樣表演轉盤子的特技。文織（參見一七八頁）也是放下師的同行。

■說唱小販把膏藥裝在貝殼裡出售《人倫訓蒙圖彙》

說唱小販

鼓動三寸不爛之舌推銷成藥或髮油等商品的小販。各地舉辦市集或寺院公開展示佛像的廟會上，他們混在人群當中，憑著能言善道來推銷物品。

雜耍

抽快刀

瞬間抽刀砍向對方的技藝叫做「抽快刀」。這種特技原是武士的武術，後來被小販當成吸引顧客圍觀的誘餌，等到人群聚攏，小販便開始推銷牙粉或成藥。江戶時代表演抽快刀的藝人以淺草的松井源水、藏前的長井兵助最有名。據說兵助也是牙醫，他還在路上替人治療牙病。

■「抽快刀」藝人站在疊了好幾層的木盒或三方盤上，唰地一下，從刀鞘裡抽出長刀。《今様職人盡歌合》

輕業

走鋼索、爬高梯之類伴隨風險的特技叫做「輕業」。走鋼索在江戶時代很受歡迎，最初是走在兩根鋼索上，後來演變成一根，最後甚至變成爬竹竿。爬竹竿是天明年間的輕業師麒麟太夫發明的，據說從此以後「麒麟」就變成了輕業師的代名詞。

■輕業師一不小心從高梯上摔下來《神事行燈》

■輕業通常是在街頭或小劇場演出，有時也被請到宴席表演。《頭書增補訓蒙圖彙》

陀螺雜技

陀螺雜技是一種玩弄陀螺的雜耍技藝。據說抽快刀名人松井源水後來也轉行開始玩陀螺。他在淺草奧山的繁華街靠耍弄陀螺吸引顧客，藉此推銷牙粉和祖傳成藥，其中還包括越中富山的反魂丹。

■耍陀螺的藝人把陀螺放在扇子上，一面轉動陀螺一面走過鋼索。《今樣職人盡歌合》

文織

據《人倫訓蒙圖彙》記載，「文織」是雜耍技藝，藝人把二至四根竹棍輪流拋上拋下，不讓竹棍掉落。由於藝人表演時的腳步很像織布時踏著織機的模樣，因此叫做「文織」。

■文織。藝人手裡輪流拋上拋下的東西似乎是鐮刀、毬，和塞滿錢幣的錢太鼓。《人倫訓蒙圖彙》

■「中村座」的始祖猿若勘三郎表演「猿若」（風流四方屏風・鳥居清信）

狂言「猿若」●「猿若」是江戶第一座歌舞伎劇場「猿若座」（後來改名中村座）的家傳壽狂言（喜慶場合表演的狂言）的劇目名稱。市村座、森田座也有自家獨創的壽狂言，喜慶節日舉行公演時必定上演。

演藝活動

猿若

「猿若」這個名詞在阿國歌舞伎時代是指劇中的丑角；街頭表演也有「猿若」，是獨角狂言（獨角戲）。據《守貞謾稿》介紹，「猿若」的演員化好戲妝後，在兩國橋畔廣小路表演，演出水準跟江戶三座不相上下。

■表演獨角狂言的猿若《人倫訓蒙圖彙》

■新年元旦就會上門表演的傀儡師《頭書增補訓蒙圖彙》

傀儡師

傀儡師就是古代的操偶師，他們在脖子上掛一個木箱當作舞台，把人偶放在台上耍弄。據《貞丈雜記》介紹，傀儡的日文發音為「くぐつ」，意即「人偶」，傀儡師的工作就是一面唱歌一面舞動人偶。

夷舞

據《人倫訓蒙圖彙》介紹，古代的「夷舞」是模仿財神惠比壽（「夷」是惠比壽的別稱）釣鯛魚的動作，後來的夷舞則模仿能樂、舞踊等各種動作。夷舞這套技藝現在已被所謂的傀儡師接收了。

■攝津西宮的夷舞。跟西宮隔海相望的淡路島也有這種表演。《人倫訓蒙圖彙》

演藝活動

■觀賞費一次四文至八文。講述的故事包括：於染久松妹背門松、於半長右衛門桂川戀柵、石川五右衛門釜之淵、忠臣藏等。《今樣職人盡歌合》

西洋景

「西洋景」的日文叫做「覗きからくり（偷窺機器人）」。據說京坂居民省略下半邊，把西洋景簡稱為「偷窺」，江戶居民則省略上半邊，簡稱為「機器人」。每到假日或廟會的日子，表演西洋景的藝人就到神社、寺院的境內，或是往來行人較多的路邊招呼孩童觀賞短劇。木箱正面的圖畫也是看板。後方有個紙箱，裡面掛著五六張圖片，木箱左右兩邊各站一名藝人，按照順序輪流看圖說故事。

■觀衆把眼睛湊在覆蓋玻璃的圓孔上窺視孔內的圖片《諸職人物畫譜》

■住吉舞始於大坂的住吉神社。江戶時代，有個打扮成僧侶模樣的乞丐自稱「願人和尚」，他在大坂市內行乞時總是一路跳著住吉舞。《人倫訓蒙圖彙》

住吉舞

《人倫訓蒙圖彙》記載：「住吉神社附近的河邊，舞者頭戴深斗笠，帽緣垂下紅綢，遮住舞者臉孔，眾人身穿白色和服，腰間繫著紅圍裙，手拿團扇舞動身體，其中還有些人把唐傘豎在地面跳舞。」

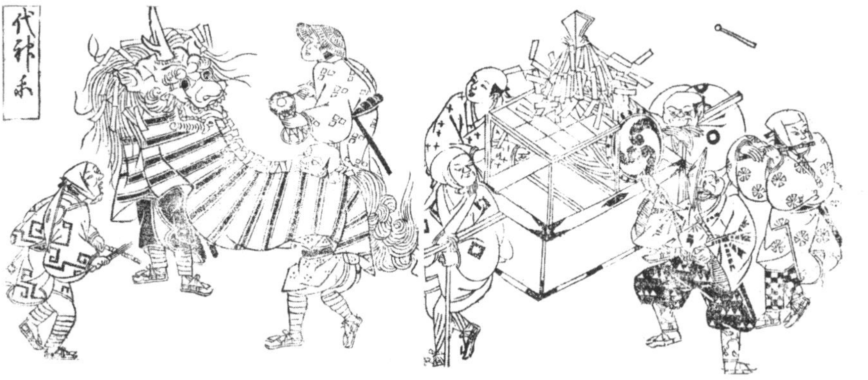

■江戶初期的代神樂。笛子、太鼓和鼓合奏的樂聲中，獅子翩翩起舞。《人倫訓蒙圖彙》

代神樂

「代神樂」是代替民眾前往各地寺院祈福的賣藝團體，他們在聖地奏樂舞獅，再把神符帶回來。據《守貞謾稿》介紹，當時有一種信仰團體叫做「太太講」，組織遍布全國，信徒按月或按日預存經費，然後從團體裡選出十人或二十人，用信徒預存的經費前往伊勢神宮參拜，奉上神樂。「代神樂」就是代替眾人參拜奉樂的意思。

■這幅圖是寶曆年間（一七五一－一七六四）的作品，圖片的一角可以看到獅子頭，其實這幅畫的焦點，應是圖中類似「放下師」（參照一七六頁）的賣藝人正在表演雜技。《守貞謾稿》

■幕府末期的代神樂。原本只是娛樂性質的舞獅在圖中已成為一門考驗本事的技藝。代神樂發展到這個階段，代替參拜與祈願的意義已不存在，而變成一種巡迴演出的技藝活動。《守貞謾稿》

■代神樂的舞獅演出時還有其他雜技一起表演《今樣職人畫歌合》

■舞獅藝人一面敲打貌似小鼓的太鼓和腰鼓一面舞動身體《人倫訓蒙圖彙》

舞獅

舞獅是在頭上頂著獅子頭跳舞的藝能表演。前頁的「代神樂」和這一頁的「越後舞獅」都是舞獅。神樂的舞獅跟歌舞伎的道具馬一樣，前後各有一人，總共由兩人一起舞弄。神樂的舞獅也是新年上門拜年討賞的「門付」技藝。昭和時代之前，舞獅在日本是很常見的新年節令景象。

■越後舞獅的獅子頭上有雞毛裝飾。藝人表演時還會展示翻跟斗之類的特技。《今樣職人畫歌合》

越後舞獅

據《守貞謾稿》介紹，越後舞獅因為來自越後國，所以京坂稱之為「越後舞獅」，江戶則稱為「角兵衛舞獅」，通常都是由十幾歲的孩童表演舞獅，師父則在一旁向觀眾介紹。這種技藝雖然起源於越後，師父卻整年都帶著孩童在全國各地巡迴演出。

萬歲

據《頭書增補訓蒙圖彙》介紹，日本自古就有新年表演萬歲樂，增添喜慶氣氛的習俗。京都的萬歲藝人來自大和的農村，稱為大河萬歲，江戶的藝人則來自三河國，稱為三河萬歲。

■聖德太子時代，天皇曾經賞賜烏帽子與服裝給萬歲藝人，所以江戶時代的萬歲藝人都是頭戴烏帽子，身穿素襖。《頭書增補訓蒙圖彙》

■萬歲二人組：太夫與才藏。才藏（左）負責敲鼓，太夫則隨著鼓聲唱歌。《人倫訓蒙圖彙》

■表演三河萬歲的太夫與才藏。每年年底的時候，日本橋附近會有「才藏市」。表演萬歲的藝人可在這裡找到跟自己搭檔的丑角才藏。《今樣職人盡歌合》

門付

漫才●日本漫才的源流來自「萬歲」，兩者的日文發音都是「まんざい」。據說漫才最早始於明治時代的上方，表演漫才的兩名藝人就像表演萬歲的太夫與才藏，時而吟唱歌謠小曲，時而互相詼諧逗趣。漫才二人組的表演內容後來變成只說不唱，從頭說到尾。這種形態的表演深受觀眾喜愛，所以一直持續到今天。

門付

■正月初一至十五日左右，驅鳥的藝人到家家戶戶門前幫忙驅鳥。住戶為了表示感謝，就用紙包著十二文賞給藝人。《今様職人盡歌合》

驅鳥

有一種女藝人平時彈著三味線在街頭躑躅賣唱，這種上門表演的「門付」女藝人被稱為女太夫。她們平時戴深斗笠，新年期間則改戴草帽，嘴裡唱著正月十五的應景歌曲〈驅鳥歌〉。正月中旬之後，女太夫的帽子又換回深斗笠。只有戴草帽的時候，她們才叫做「驅鳥」。

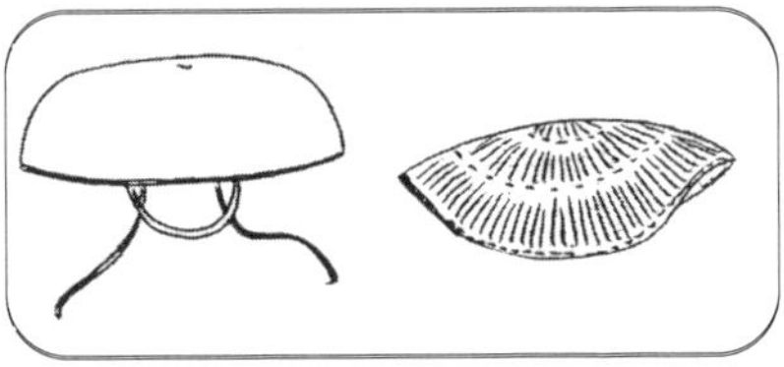

■驅鳥女太夫的草帽（右）和深斗笠《守貞謾稿》

■據說女太夫臉上都化著妝，身上穿著簇新的衣服，其中有很多都是頗具姿色的女子。《守貞謾稿》

春駒

新屋動工要請「萬歲」，插秧播種要請「驅鳥」，「春駒」則是養蠶人家慶祝收穫時必請的藝人隊伍。以上三種技藝象徵衣食住三件民生大事，三種技藝表演都包括在新年的祝賀活動裡面。表演「春駒」的藝人手捧假的馬頭，一面唱著歡慶討喜的歌謠，一面在住戶門前表演討賞。

■新年的門付技藝「春駒」《諸職人物畫譜》

耍猴戲

耍猴戲的名稱有很多：猿舞、猿回、猿曳、猿飼等，其實就是訓練猴子學會各種把戲供人觀賞。據《頭書增補訓蒙圖彙》介紹，新年期間，耍猴戲的藝人帶著猴子到豪門宅第門前表演喜慶歡樂的舞蹈。在飼養牛馬的鄉間，藝人則趁作物收穫的季節讓猴子跳舞祈禱豐收。

■京都街頭表演猿舞的藝人都是住在伏見附近的居民《頭書增補訓蒙圖彙》

節季候

每到年底歲末，街頭就能看到許多上門討賞的藝人。「節季（歲末）到啦～」這種大聲歡唱的門付藝人叫做「節季候」。江戶初期曾經風行一時，但到了幕府末期，京坂已看不到這類藝人，只有尾張以東的地區，主要是江戶市內才能看到。據《守貞謾稿》記載，江戶的節季候男女皆有，他們頭上包著紙頭巾，腰間繫著紙圍裙，手裡拿著貌似竹刷的簓（樂器）或太鼓，邊搖邊敲，趁大家忙著準備過年的時候，跑來唱歌討賞。

■猿舞。藝人身穿羽織，頭戴草帽，腰上的竹籃裡裝著白米。《人倫訓蒙圖彙》

■早期的節季候。用來裹住臉孔的不是紙頭巾，而是紅布頭巾。插在斗笠上的草葉叫做裏白，是一種蕨類植物。《人倫訓蒙圖彙》

門付●藝人前往家家戶戶門前表演技藝，向住戶討取賞錢或白米。萬歲或驅鳥是在新年期間上門表演，節分的時候另有專門趕鬼的門付藝人，此外還有像敲鉢、門說經之類的門付藝人，則是不分季節隨時都會上門。

■敲鉢的始祖據說是跟空也上人同時代的一位獵人。空也上人是平安時代的宗教家。《頭書增補訓蒙圖彙》

敲鉢

敲鉢藝人冬季前往洛中進行的巡迴演出叫做「空也念佛」，他們一路敲著鉢或葫蘆，嘴裡念念有詞地誦唱經文。這項演出活動從每年十一月十三日空也的忌日那天開始，一直持續到十二月二十四日。平時這些藝人靠製作茶筅為生，據說也是空也把製作技術傳授給他們的。

門付

歌念佛

古代的歌念佛是把南無阿彌陀佛之類的佛號配上節奏不斷唱誦，後來慢慢發展成類似敘事民謠的唄淨琉璃。這種淨琉璃比較偏重演唱部分，分為好幾種調子，譬如像常盤津、清元、新內節等。

■歌念佛。藝人一面敲鉦一面把萬德圓滿的佛號配上節奏不斷誦唱。《人倫訓蒙圖彙》

八打鉦

八打鉦屬於歌念佛之類的門付技藝，藝人一面口內誦經，一面集中精神舞動身體。據《人倫訓蒙圖彙》介紹，不知從何時起，這種技藝的舞步變成一味地原地打轉，誦經也省略了，看到藝人那種心無旁騖，專注轉圈的模樣，不禁令人慨嘆，混口飯吃實在不容易啊。

八打鉦藝人把鉦掛在脖子上一面敲鉦一面誦經《人倫訓蒙圖彙》

趕風神

社會上一開始流行感冒，就有很多趕風神的藝人出來活動，並自稱能把主司疫病的「風神」趕走。戴著面具的藝人先在住戶門前敲打太鼓，然後領賞離去。當時一般人對傳染病都深懷恐懼，所以大家雖然討厭這些藝人，卻還是願意賞他們一把米。

■趕風神的藝人高喊一聲：「讓開！」然後用力敲響太鼓。《人倫訓蒙圖彙》

門說經

「門說經」是一種門付技藝。藝人身穿羽織，頭戴草帽，腰間佩戴長刀，站在人家門口吟唱經文，內容包括佛經教義，或配上小調節拍誦唱經文，這種曲調被稱為「說經節」。

■江戶初期流行的門說經。藝人手裡的樂器左起為：簓、三味線，以及當時叫做「小弓」的胡琴。《人倫訓蒙圖彙》

高屐

「高屐」原是指屐齒特高的木屐（請參照四〇頁），但門付藝人穿的高屐叫做「鳥足」，跟一般木屐不同，形狀就像鳥腳，看起來十分危險。藝人的頭上還頂著小木桶，裡面裝著水和榁樹枝葉，脖子上掛著鉦，邊走邊敲邊唱。

■高屐。藝人收到顧客的賞錢後，在薄板上寫下法號，用榁樹枝沾些水灑在木板上。藝人踩高屐走路或灑水的動作，都叫人無法不為他們捏把冷汗。《人倫訓蒙圖彙》

江戶豆知識

■第五代市川團十郎。隱居名和俳名都叫做白猿。據說因為第六代團十郎英年早逝，第五代團十郎後來又用「市川白猿」的名字重返舞台，並把技藝傳給孫子市川海老藏（第七代市川團十郎）。《戲場訓蒙圖彙》

【有些演員的年收高達千兩黃金】

演員的收入採年薪制●寺院境內搭建臨時簡陋舞台的演出，叫做小芝居，而在江戶三座推出的戲劇公演叫做大芝居，姑且不論小芝居的演員待遇如何，至少，能在「三座」演出的大芝居演員，跟劇場都是簽下合約。江戶初期的寬永元年（一六二四），猿若勘三郎建成中村座，之後，中村座與市村座、森田座成為幕府特許的三座劇場。一直到明治時代為止，這三座劇場始終持續推出歌舞伎狂言公演。備受觀眾喜愛的演員當然是劇場競相爭

■霜月朔日（十一月一日）二丁町的「芝居演員首度登台圖」。右邊前方是位於日本橋堺町的中村座，後方是位於葺屋町的市村座。畫面裡雖然看不到木挽町（東銀座）的森田座，卻可看到大批觀眾為了一睹心儀的演員正在湧向劇場。《東都歲時記》

取的對象，但演員跟劇場的合約卻是每年一簽，在合約有效期限之內，就不能到其他劇場演出。每年十一月一日開始，每家劇場都會推出演員首度登台公演，這是為了向觀眾展示，哪些演員已成為劇場的一員，而且這些演員在第二年夏季之前，一直都會在這座劇場演出。

千兩演員確實存在●千兩黃金對庶民來說，除非買「富籤」中了頭獎，幾乎是不可能的夢想。但是江戶時代的演員當中，少數位於業界頂峰的台柱卻千真萬確能夠獲得千兩黃金的年薪。據說日本最早的千兩演員，是正德年間（一七一一－一七一六）的第二代市川團十郎，以及上方的第一代芳澤菖蒲。當然他們的開銷也很大，譬如像戲服之類的道具，大牌演員都是自費製作。不過當時的演員也不必繳納所得稅。另一方面，演員若是不再受觀眾喜愛，原本八、九百兩黃金的年薪，一下子就會跌到兩三百兩。如果票房熱度跌到最谷底，據說那些演員就只好去當日雇工，每天的薪水只有兩三百文。

結語

眼鏡在江戶時代是非常昂貴的奢侈品。我們在小說插畫或畫冊裡看到戴眼鏡的人物，不是大商店的退休老闆，就是地位顯貴的武士，要不然就是專屬幕府的學者等，全都是生活富裕之人。而每天靠打工餬口，住在長屋的庶民，就算視力減退，也不會去買眼鏡吧。眼鏡在現代人的心目中，不過是種時尚小物而已，但在當時卻跟現代的形象完全不同。不過，我在這本書裡卻把眼鏡歸類為「提袋小物」。或許讀者會責怪我說，就算沒知識也該有個限度吧？其實我自有一番考量，因為我覺得，既然玉石匠都算是製作「提袋小物」的職人，那麼眼鏡當然也該歸類為提袋小物吧。因此，我也順便介紹了當時配製眼鏡的地方，還把江戶時代發行的購物指南相關書頁也找了出來。

我編寫此書，希望盡可能提供讀者一切有關職業的訊息，甚至再附送一些趣聞。這本書就在這種想法中完成了。用另一種方式來比喻的話，就像有些書店不喜歡一絲不苟地按照圖書分類法擺放書籍，他們選擇上架書籍時會發揮更多想像力，彷彿在向讀者建議：「順便再向你介紹這些書如何？」我若墨守成規，嚴格遵守職業分類法編寫此書，或許讀者會更容易理解，但我編寫此書的目標，是希望這本書能成為一間體貼讀者的書店。這番用心如果能使讀者感到滿意，我將深感榮幸。

二〇二〇年三月吉日

参考資料

＊北斎画譜　＊守貞謾稿　＊近世奇跡考　＊山繭養法秘傳抄　＊頭書増補訓蒙図彙
＊人倫訓蒙図彙　＊商売往来絵字引　＊今様職人尽歌合　＊彩画職人部類
＊絵本士農工商　＊萬物雛形画譜　＊宝船桂帆柱　＊戯場粋言幕の外　＊標準紋帖
＊徳川氏並諸家指物　＊諸職人物画譜　＊絵本庭訓往来　＊女遊学操鑑
＊江戸名所図会　＊女用訓蒙図彙　＊奥羽道中膝栗毛　＊小野篁歌字尽
＊江戸買物独案内　＊木曾路名所図会　＊絵本江戸みやげ　＊客者評判記
＊人情腹之巻　＊絵本続江戸土産　＊都風俗化粧傳　＊家内安全集　＊神事行燈
＊串戯二日酔　＊浮世床　＊民家育草　＊戯場訓蒙図彙　＊女大学　＊浮世風呂
＊春色恋廼染分解　＊永代節用無尽蔵　＊服色図解　＊日本山海名物図絵
＊両點庭訓往来　＊後藤家彫物目利　＊徳川盛世録　＊包結図説
＊童子専用寺子調法記　＊狂歌倭人物初編　＊北斎道中画譜　＊諸家地紋式
＊早引漫画　＊江戸大節用海内蔵　＊大工雛形　＊茶湯早指南　＊川柳江戸吉原図絵
＊吉原細見・慶応元年　＊狂言画譜　＊吉原細見・弘化二年　＊頭書弁解倡売往来
＊歌舞妓年代記　＊戯場節用集　＊戯場楽屋図会　＊東都歳事記　＊貞丈雑記
＊嬉遊笑覧　＊七十一番職人歌合

索引

【四畫】

【五畫】

【九畫】

【十二畫】

【十五畫】

【十八畫】

【十九畫】

日本再發現 017

江戶百業：豐富江戶娛樂流行文化的職人

江 の仕事図鑑：遊びと装いの仕事

國家圖書館出版品預行編目 (CIP) 資料

江戶百業：豐富江戶娛樂流行文化的職人 / 飯田泰子著；章蓓蕾譯 . -- 初版 . -- 臺北市：健行文化出版事業有限公司，
2021.06
面； 公分 . -- (日本再發現；17)
譯自：江戶の仕事図鑑：遊びと装いの仕事
ISBN 978-986-06511-0-2(平裝)
1. 生活型態 2. 職業 3. 日本史 4. 江戶時代
731.26 110006650

著　者 —— 飯田泰子
譯　者 —— 章蓓蕾
責任編輯 —— 莊琬華
發 行 人 —— 蔡澤蘋
出　版 —— 健行文化出版事業有限公司
台北市 105 八德路 3 段 12 巷 57 弄 40 號
電話／ 02-25776564・傳真／ 02-25789205
郵政劃撥／ 0112263-4
九歌文學網 www.chiuko.com.tw
印　刷 —— 晨捷印製股分有限公司
法律顧問 —— 龍躍天律師 ・ 蕭雄淋律師 ・ 董安丹律師
發　行 —— 九歌出版社有限公司
台北市 105 八德路 3 段 12 巷 57 弄 40 號
電話／ 02-25776564・傳真／ 02-25789205
初　版 —— 2021 年 6 月
定　價 —— 320 元
書　號 —— 0211017
I S B N —— 978-986-06511-0-2